捧 读

PIRATES

☠

FACT & FICTION

海盗之书

PIRATES

Fact & Fiction

〔英〕戴维·科丁利 约翰·福尔克纳 著

钟元楷 译

贵州出版集团
贵州人民出版社

图书在版编目（CIP）数据

海盗之书 /（英）戴维·科丁利，（英）约翰·福尔克纳著；钟元楷译. -- 贵阳：贵州人民出版社，2024.3

书名原文：Pirates：Fact and Fiction

ISBN 978-7-221-18123-7

Ⅰ.①海… Ⅱ.①戴… ②约… ③钟… Ⅲ.①海盗 - 历史 - 世界 Ⅳ.① D59

中国国家版本馆 CIP 数据核字 (2024) 第 012868 号

版权合同登记 图字：22-2023-133号

HAIDAO ZHI SHU

海盗之书

[英] 戴维·科丁利 约翰·福尔克纳　著　钟元楷　译

出 版 人	朱文迅
策划编辑	张进步
责任编辑	潘　媛
装帧设计	仙境设计
责任印制	刘洪鑫
出版发行	贵州出版集团　贵州人民出版社
地　　址	贵阳市观山湖区中天会展城会展东路 SOHO 公寓 A 座
印　　刷	天津创先河普业印刷有限公司
版　　次	2024 年 3 月第 1 版
印　　次	2024 年 3 月第 1 次印刷
开　　本	710 毫米 ×1000 毫米　1/16
印　　张	14
字　　数	206 千字
书　　号	ISBN 978-7-221-18123-7
定　　价	68.00 元

A. DEBELLE, DEL

目 录
Contents

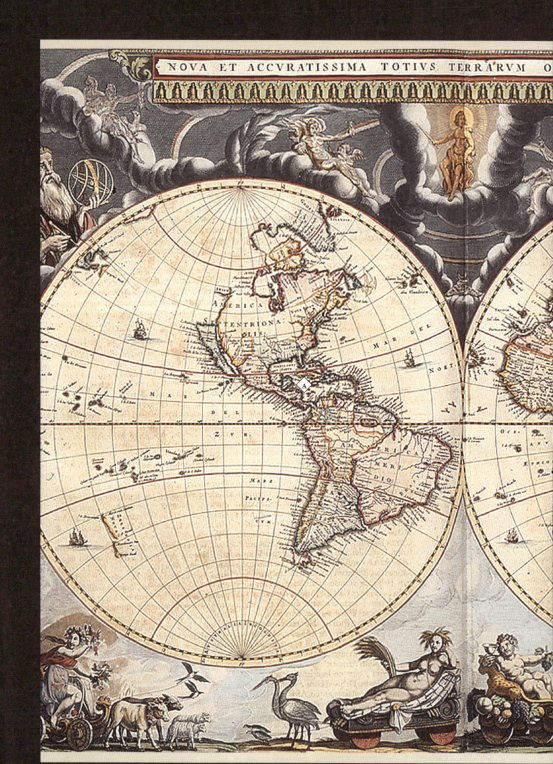

NOVA ET ACCVRATISSIMA TOTIVS TERRARVM O

海盗海域

　　世界各大洋的所有海域都有海盗活动，但有些地区因为海盗猖獗而成为臭名昭著的海盗海域，本书会对这些地区进行详细介绍。

A 加勒比海是伊丽莎白一世时期私掠船和 17 世纪殖民者海盗的围猎场。

B 地中海有巴巴里海岸和马耳他的私掠海盗在劫掠商船。

C 马达加斯加岛曾被海盗当作肆虐印度洋的基地。

D 在 18 至 19 世纪的中国海与东南亚，海盗成为航运的主要威胁。

荷兰地理学家琼·布劳于 1662—1665 年间出版的巨著《大地图集》（Atlas Maior）中的世界地图。

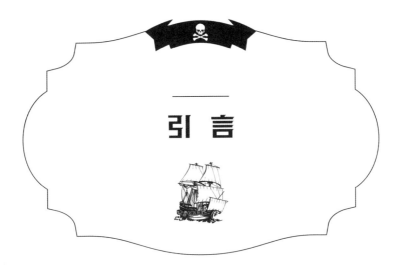

引言

需要说明的是，一直以来，"私掠"（privateering）和"海盗行为"（piracy）总是容易被混为一谈，难以分辨。同样地，"私掠海盗"（corsair）和"殖民者海盗"（buccaneer）这两个词也常常被混用。可是，以上这些词都有特定的含义。"海盗"（pirate）一词仅指在海上抢劫或掠夺的人，或者是像英国高等海事法院法官查尔斯·赫奇斯爵士在 1696 年所描述的那样，"现在海盗只是一个指海上抢劫犯的称呼，海盗行为指在海军部管辖范围内犯下的抢劫行为"。将处决海盗时的绞刑地点设置在伦敦沃平区泰晤士河北岸的退潮线处，原因之一正是为了强调海盗的犯罪行为属于海军事务大臣的管辖范围——他负责惩治在公海和退潮线以下的河道上犯下的罪行。退潮线以上则由民事法院接管。

私掠船（privateer）是被武装起来的民船（也指其船长或船员），他们持有政府授予的委托书或私掠状，可以合法地劫掠敌对国家的商船。在 15 世纪，这些被称作"私掠和报复状"的许可证由君主签发，但 1702 年后，在英国则改由海军事务大臣签发，后来又改由殖民地总督签发。私掠状得到了当时国际法的承认，因此在理论上，获得授权的私掠船不能被指控为海盗。在战争时期，海洋国家经常使用私掠船，因为这是一种攻击敌国船只的廉价方式，可以节省建立和维持一支庞大的常备海军的费用。显然，这种模糊的制度很容易被滥用。

"私掠海盗"（corsair）专指在地中海活动的私掠船和海盗。其中名头最响的是北非巴巴里海岸的私掠海盗，他们得到了本国政府的授权，可以随意攻击基督教国家的航线。还有较少为人所知的马耳他的私掠海盗，他们得到了那个著名的基督教军事集团——圣约翰骑士团的授权，专门攻击土耳其人的船只。但与西班牙人认为著名的英国私掠船船长德雷克爵士和霍金斯爵士等人是海盗一样，英国和其他基督教国家也将巴巴里私掠船视为海盗。

"殖民者海盗"源于法语"boucanier"一词，这个词最早指生活在海地岛（又称伊斯帕尼奥拉岛，今分属海地与多米尼加）上追逐野牛、野猪的猎人。这些人大多是法国的叛教者，他们用加勒比印第安人的方式在木架子上烤肉，而加勒比印第安人把这样的木架子叫作"boucan"。在西班牙人的驱逐下，这些猎人加入了逃亡奴隶、逃兵和其他掠夺者的队伍，一起去掠夺西班牙船只。到 17 世纪末，"殖民者海盗"一词广泛流传开来，被用来称呼在加勒比海活动的大多数私掠者（privateer）和海盗（pirates）。

除了这些用来描述海盗的词容易被混淆之外，流行的海盗形象与那些真正袭击和掠夺民船的人几乎没有任何相似之处。其实这并不令人惊讶，因为流行文化将海盗描绘成了浪漫的亡命之徒，他们往往与热带岛屿、埋藏的财宝和走跳板①等元素联系在一起。他们已经成了带有固定标志的童话般的角色，很容易辨认——独眼龙、一条木制的假腿，肩头的鹦鹉、骷髅旗。经过几个世代以来的戏剧、情景剧、冒险故事、连环画和传奇电影的熏陶，这样的海盗形象已经深入人心。因此，本书用了相当大的篇幅来

骷髅头和骷髅十字骨图案常见于墓碑上，是死亡的标志，能够很快被人们认出，便很自然地被海盗用来恐吓受害者。这个图案被用在黑旗上的历史可以追溯到 17 世纪末。

THE "JOLLY ROGER"

PENDANT STIFFENED
WITH LIGHT BATTENS.
-1704.

1704.   1719.   1746.

ABH AMH
JACK of
BARTHOLOMEW ROBERTS.   1721.   19TH CENTURY.

ENSIGN AT MIZEN-PEAK,
BARTHOLOMEW ROBERTS.

---

① 指旧时海盗绑住受害者的双手并蒙住他们的眼睛，然后强迫他们在突出舷外的跳板上行走，最终落水而死的一种做法。

3

这幅19世纪的法国插图描绘了亨利·摩根,总结了海盗们放荡生活的流行形象。

介绍那些虚构的海盗形象,包括约翰·西尔弗[1]、胡克船长[2]、帕格沃什船长[3]、约翰尼·德普饰演的杰克船长以及亚瑟·兰塞姆的冒险小说《燕子号与亚马逊号》(*Swallows and Amazons*)里的海盗,他们深刻地影响了我们对海盗的看法。

　　大多数真正的海盗都曾是水手,因为在"帆船时代",操作船舶需要具

---

[1] 英国小说家史蒂文森的经典作品《金银岛》(*Treasure Island*)中的海盗。

[2] 英国小说家J.M.巴里的代表作《彼得·潘》(*Peter Pan*)中的海盗首领,又译作"铁钩船长""虎克船长"。

[3] 英国著名童书作家、卡通动画大师约翰·瑞恩的连环漫画《海盗船长帕格沃什》(*Captain Pugwash*)中的主角,他也是一名海盗。该漫画问世后不久即由BBC拍摄成电视动画,影响巨大,60多年来一直深受世界各地孩子的喜爱。

备掌舵、辨别方位和确定航线的经验，以及辨别风向和潮汐的知识。研究表明，17世纪和18世纪初，在加勒比海和大西洋海岸附近活动的海盗中，有超过90%的人曾是皇家海军或是商船、私掠船上的水手。他们大多是年轻人（平均年龄为27岁，与皇家海军的平均年龄相同），且通常来自海洋国家的沿海港口。他们天生不服管教，言语粗鄙，也是公认的酒鬼。1724年，巴沙洛缪·罗伯茨手下的海盗接受了审判。通过审讯，人们得知许多海盗在大部分时间都处于醉酒状态，毫无行动能力。有几个人从来没有完成过分配给他们的工作，甚至还有一个人醉得像一摊烂泥，得借助滑轮组装置才能将他吊出船舱。在大量饮酒之后，海盗们会表现出他们的无政府主义本性和对既有秩序的憎恨。爱德华·诺斯曾如此记录在1718年被著名海盗查尔斯·范恩抓获期间的见闻："当我在那艘单桅帆船上时，听到他们最常说的话是'国王和所有权贵去死'以及'总督去死'。"

真正的海盗粗鲁且残忍，与沙利文爵士和吉尔伯特创作的歌剧《彭赞斯的海盗》（*Pirates of Penzance*）中和蔼可亲、爱国、年轻有为的海盗形象大相径庭。但也要承认，许多与海盗相关的虚构形象是有真实依据的。由于航海是一种危险的职业，海盗和所有水手一样，都有可能受到严重的伤害，海盗中有些人可能确实有木制的假肢或失去了一只眼睛。有充分的文献证明，水手们会在外国港口收集鹦鹉，作为值得炫耀的纪念品带回家，而海盗们也会做同样的事。此外，有大量的文献证据表明，在1700—1720年间，西方的一些海盗开始使用带有骷髅的黑旗作为威吓的标志。另一方面，除了基德船长在纽约加德纳岛埋藏宝藏的案例，几乎没有其他关于海盗埋藏财宝的可靠记载。至于走跳板，目前只发现了两条记载，它与海盗的联系似乎更多是由于它在《彼得·潘》中起着关键作用，并在之后的几部海盗电影中出现过。

"海盗"这个主题涵盖了极其丰富和广泛的内容。从希腊海盗、罗马海盗，到维京海盗、荷兰海盗，再到臭名昭著的法国海盗，海盗已经存在了数千年。红海、波斯湾和印度东岸的马拉巴尔海岸都曾有海盗活动；菲律宾的伊拉努海盗在加里曼丹岛和新几内亚周围的海域游荡；在19世纪初期，南中国海同样爆发了大规模的海盗活动。本书以欧洲人发现美洲大陆的时间为起点，集中讨论过去 500 年间的海盗活动。

西班牙征服了墨西哥的阿兹特克帝国和秘鲁的印加文明，掠夺了大量黄金和白银供西班牙国王使用。运送这些财宝的西班牙珍宝船是 16 世纪私掠船和海盗们的主要目标，而各种类型的西班牙商船继而在 17 世纪成为殖民者海盗的目标。在"西班牙主导地区的海盗"之后，故事又转移到了地中海，那里是巴巴里私掠海盗的狩猎场。私掠海盗在此横行了 3 个世纪，他们乘着橹桨帆船袭击沿海定居点并拦截商船。船上的乘客、船员以及沿海村庄的居民被海盗俘虏后，会被当作奴隶送往突尼斯和阿尔及尔，或被迫成为船上的奴隶橹手。在同一时期，莫卧儿帝国的财富和定期往返麦加的朝圣船则吸引了英国、荷兰的海盗前往印度洋。亨利·埃弗里、托马斯·图和基德船长都因劫掠这些装载着黄金、白银、丝绸和香料的船只而臭名远扬。

大约在 1715 年，加勒比海地区再次爆发了海盗活动。西印度群岛的殖民地总督判断，在其鼎盛时期，超过 2000 名海盗在岛屿间以及沿北美东海岸活动。这一代的海盗包括"黑胡子"、巴沙洛缪·罗伯茨、"棉布杰克"①以及女海盗安妮·邦尼、玛丽·瑞德，这一时期被称为"海盗的黄金时代"。英国殖民地当局在英国皇家海军的协助下，花了 10 年时间清剿了这一批海盗，结束了这一时代。此后，这些海盗的"丰功伟绩"激发了许多书籍、戏剧和电影的创作。但与 1800—1810 年间的中国海盗在南中国海沿岸的活动相比，他们的行动规模则稍逊一筹。女海盗郑一嫂领导着一个由 5 万～7 万名海盗组成的联盟，他们拥有一支庞大的中式远洋帆船舰队和无数小型武装船。这些海盗的袭击行动极其残忍，而且，与他们的西方同行一样，他们也遵守着一套严格的行为准则。

本书结束于对过去 40 年的海盗活动的考察②。尽管海盗活动在地中海、大

---

① 约翰·拉克姆（？—1720），英国海盗，18 世纪早期活跃于加勒比海，著名女海盗安妮·邦尼的丈夫。因常穿图案花哨的棉布制作的衣物，被人称为"棉布杰克"（Calico Jack），其中"杰克"是"约翰"的简称。

② 截至 2021 年 3 月。

最著名的女海盗之一的玛丽·瑞德，向一名被她击中要害的男海盗透露了自己的性别。

西洋西海岸和北欧海域等曾经的热点地区已经基本绝迹，但在印度洋和远东地区仍然是个问题。在 20 世纪 90 年代，马六甲海峡和新加坡附近的海域中，大型船只受到海盗袭击的报道数量激增。其中一些袭击由组织有序的犯罪团伙实施。在 1995—2012 年间，索马里海盗进行了一系列大胆的袭击，常常登上头条新闻。海盗们扣押船员作为人质，而船东们被迫为此支付数百万美元的赎金。离现在最近的海盗袭击的焦点区域是几内亚湾，该区域的尼日利亚海盗以巨型油轮为劫掠目标。当代海盗与历史上的海盗一样，会根据当地条件和丰厚货物的诱惑而不断变换肆虐地点。

第一章

西班牙
主导地区的
海盗

1572 年，弗朗西斯·德雷克告诉他的船员："我已经把你们带到了世界的藏宝库。"那时他正准备攻击加勒比海沿岸的诺布雷迪奥斯港。这个小港口位于巴拿马附近，是西班牙珍宝船的集结点之一。秘鲁和厄瓜多尔的骡队经过长途跋涉，将他们的珍贵货物运到这里，再经水路运往西班牙。德雷克和他的船员伏击了其中一支骡队，缴获了不少于 15 吨的黄金，以及价值不少于 10 万比索的银子。很难用今天的货币来描述这笔财富，但据估算，德雷克的战利品足以建造和装备 30 艘伊丽莎白时代的战舰。

德雷克并不是第一个劫掠世界"藏宝库"的船长。在他之前 50 年，法国海盗让·弗洛林拦截了从美洲新大陆返航的西班牙船只。1523 年 6 月，弗洛林在圣文森角附近袭击并登上了一批西班牙船，发现船舱里满是征服者埃尔南·科尔特斯从墨西哥的阿兹特克人那里掠夺来的财宝。这些财宝包括装满了 3 个大箱子的金锭、500 磅金粉、680 磅阿兹特克珍珠、装满了好几个保险柜的翡翠和其他珍贵宝石，还有阿兹特克人的头盔、盾牌和羽毛披风，以及五花八门的异国动物和鸟类标本。

从美洲运来的财宝数量之庞大令人惊讶，并且在整个 16 世纪持续增长。1516 年，西班牙国王和神圣罗马帝国皇帝查理五世从海外领地获得了价值大约 3.5 万达克特[①]（ducat）的财富。到了 1540 年，这个数字上升到了 16.5 万达克特。当南美洲的银矿在费利佩二世[②]（Philip II of Spain）时代的早期开始产出白银后，西班牙国王每年的收入已经达到 200 万达克特。

西班牙的竞争对手——特别是法国和英格兰——对于这种新获得的财富很是嫉妒。西班牙王国宣称要在新大陆殖民和掠夺所有土地，也让英法两国感到

---

① 旧时在欧洲许多国家通用的金、银币名。

② 费利佩二世（1527—1598）是西班牙哈布斯堡王朝第二位国王，于 1556—1598 年在位；同时，他也是葡萄牙哈布斯堡王朝首位国王，于 1580—1598 年在位。

弗朗西斯·德雷克爵士（1540—1596），以宫廷画家
小马库斯·海拉特的风格绘制的肖像。

不满。法国和英格兰的私掠船很快就开始挑战西班牙的权威。起初，他们只是袭击返航的珍宝船队，然后就开始袭击位于墨西哥湾的西班牙基地。这些基地是珍宝船活动的据点，如诺布雷迪奥斯、卡塔赫纳和波托韦洛。私掠船之后是殖民者海盗，他们通常（但不总是）在法国或英格兰政府的批准下行动。而在殖民者海盗之后的是拦路抢劫的强盗海盗——他们没有官方授权，纯粹是为了养肥自己的荷包而劫掠。但对于西班牙人来说，他们和其他海盗也没有什么区别。德雷克乘"金鹿"号大帆船进行了一次环球航行，并在途中抢劫了一连串的西班牙船只，因此他在 1580 年返航时，西班牙驻伦敦大使愤怒地要求英国处置"这个卑鄙海盗所犯下的强盗行为"。

伊丽莎白时代的财宝箱，据说曾属于弗朗西斯·德雷克爵士。

由哥伦布开始

当哥伦布写下"黄金即财富，拥有它的人便拥有了这世界上他所需的一切"时，他道出了一代又一代穿越大西洋去寻找财富的欧洲探险家和冒险家们的共同心声。

与后来的西班牙征服者[①]不同，哥伦布从未找到过大量黄金。事实上，这从来都不是他的主要目标。他的目标是找到通往印度和东方的海上航道，以开辟新的贸易路线。他的寻路之旅失败了，但他在 1492—1504 年间的四次航行极大地拓展了欧洲人的已知世界。

---

① 指16世纪在墨西哥、秘鲁等南北美洲地区的西班牙入侵者。

1492 年 8 月，哥伦布从帕洛斯港启程前往新大陆时与西班牙国王斐迪南、王后伊莎贝拉告别。

哥伦布第一次航行时驾驶的是"圣玛利亚"号、"尼尼亚"号和"平塔"号三艘船。他从西班牙西南角的帕洛斯港出发，抵达了巴哈马群岛中的一座岛屿，哥伦布将其命名为圣萨尔瓦多（San Salvador），意为"我们的救世主"（Our Saviour），以感激上帝保佑他们安全抵达。经过 70 天的航行，他于 1492 年 10 月 12 日踏上陆地。接着他从巴哈马群岛向南航行到古巴，然后向东航行到海地岛，最后返回西班牙报告他的发现。

哥伦布第二次航行时选择了更往南的航线，经过多米尼加，沿着西印度群岛到达了波多黎各和海地岛。他在海地岛登陆并建立了一个小殖民地。他生动地描述了这个岛

屿——50 年后它成为殖民者海盗的主要基地，表达探险家对新大陆奇异景象的惊叹之情：

> 此地沿海多宽阔良港，河道纵横。岛屿巍峨，高者千仞。峰峦俊秀，多奇形异势。诸岛皆可通人，所到之处绿树参天，繁花盛开、佳果满枝，夜莺吟唱、百鸟欢歌。世所罕见之珍奇棕榈随处可见，形态各异，竟多至七八种，实可称奇也！

接着，他离开海地岛前往牙买加，于 1494 年 5 月 5 日抵达圣安妮湾——这个岛屿后来也因成为殖民者海盗和

西班牙人对新大陆土著的残忍行为引发了同样野蛮的报复。熔化的黄金被倒进一个西班牙人口中，以这种可怕的方式讽刺入侵者对财富的热切渴望。

强盗海盗的据点而闻名。

第三次航行中，他沿着南美洲的海岸线向更远方行驶了一段距离。而在第四次也是最后一次航行中，他发现了洪都拉斯，并沿着达连湾北上进入加勒比海。达连湾位于加勒比海的南部边缘，靠近现在的巴拿马和哥伦比亚地区。

西班牙迅速开发了这些新发现的地区。1502 年，尼古拉斯·奥万多[1]（Nicolás de Ovando）在海地岛建立了一个由 2500 人组成的永久定居点，并在几年内建立了甘蔗和烟草种植园。他们引进的牛和猪迅速繁殖，并为后来的殖民者海盗提供了食物和谋生手段。与此同时，1513 年，探险家和征服者巴尔博亚[2]（Vasco Núñez de Balboa）成为第一个看到太平洋的欧洲人，他穿越了巴拿马地峡，并在巴拿马附近的大陆上建立了一个西班牙殖民地。

之后的探险考察使欧洲人对新大陆的看法发生了转变。1519 年，埃尔南·科尔特斯率领 600 名士兵和 16 匹马登陆墨西哥。土著居民根本无法与这些入侵者相抗衡，因为他们是强悍而专业的士兵，装备着火枪、剑和弩。他们扫平了所有的抵抗，一路进军至阿兹特克帝国的首都特诺奇蒂特兰（今墨西哥城，其遗址埋在墨西哥城地下）。科尔特斯劫持了国王蒙特祖玛，并掠夺了这座伟大城市的巨额财富。在接下来的三年里，他摧毁了阿兹特克帝国，并为西班牙提供了难以想象的财富。

十年后，弗朗西斯科·皮萨罗在南美洲发现了同样令人惊叹的财富宝库。他从厄瓜多尔海岸向内陆进军，随后发现了印加帝国。他屠杀并劫持人质，最终和他的部下征服了这个古老的国度，并宣称对秘鲁的黄金拥有所有权。在短短35 年的时间里，西班牙获得了一个从墨西哥一直延伸到南美洲大陆的庞大殖民帝国。

---

[1]　当时的西印度群岛总督。

[2]　巴斯科·努涅斯·德·巴尔博亚（1475—1519），西班牙探险家，新殖民地的首任总督，后被其继任者逮捕处死。

西班牙的要塞卡塔赫纳在 1697
年被与海盗部队结盟的法国军队洗劫。
这次战役是最后一次大规模的殖民者
海盗袭击。

西班牙人的时代

在新大陆，西班牙帝国控制下的地区被称为"西班牙主导地区"（Spanish Main）。起初，这个术语仅适用于大陆，但随着时间的推移，它也包括了西印度群岛和西班牙珍宝船航行的加勒比海域。

这些珍宝船队或舰队是法国和英格兰私掠船的首要目标。16世纪，一艘典型的西班牙大帆船重约500吨，

一艘西班牙大帆船的全体船身模型，约1588年。

长约 38 米，宽约 10.6 米，船尾有一处高大显眼、带有走廊和雕花气窗，专门用作装饰的构造。此外，每艘船还配备了 200 余名船员以及分别装备在两层甲板上的 60 门火炮。黄金和白银等贵重财宝装在位于下层甲板的财宝室内的密封箱里，财宝室会被贴上封条，并在返回西班牙塞维利亚的航行中由士兵护卫。落单的珍宝船和小型舰队都很容易受到海盗的攻击，举例的话，这些海盗有让·弗洛林和皮埃尔·勒·格兰①（Pierre le Grand）。从 1543 年开始，西班牙政府每年会派遣两支主力舰队前往西班牙主导地区巡航。一支舰队前往韦拉克鲁斯，装载来自墨西哥的财宝；另一支舰队前往诺布雷迪奥斯，装载由秘鲁陆路运来的黄金和白银。随后，两支舰队会前往古巴北海岸的哈瓦那会合，在补充淡水和给养后，约 100 艘船组成的联合舰队起航返回西班牙。

法国的私掠船通常会袭击西班牙主导地区的口岸和海港。弗朗索瓦·勒·克勒克——更为人所知的是他的昵称"短腿"或"木腿"，因为他有一条腿是木制的假肢——在 16 世纪 50 年代及 60 年代初期的袭击行动中取得了巨大成功。1554 年，他率领一支由 10 艘战舰组成的舰队前往加勒比地区，洗劫了古巴的圣地亚哥，然后沿着古巴和海地岛的海岸巡航，沿途劫掠城镇。

对西班牙殖民地来说，更严重的威胁来自一群法国胡格诺派②（Huguenots）教徒，他们于 1564 年航行到北美，在佛罗里达沿海建立了卡罗琳堡定居点。这种公然试图侵占帝国领土的行为激起了西班牙政府的愤怒，他们派出了最杰出的海军指挥官之一佩德罗·门德斯上将前去平乱。他率领着 30 艘船和 2600 名士兵从西班牙加的斯出发，于 1565 年夺取了卡罗琳堡，并继续监督几个关键港口的加固防御工程。这些港口是加勒比地区的运输枢纽，包括卡塔赫纳、圣多明各、圣地亚哥和圣胡安德波多黎各。

接下来，该轮到英国人登场了。

---

① 法国海盗，生卒年不详，活跃于 17 世纪中叶。

② 16、17 世纪法国的新教徒。由于受到迫害和压力，胡格诺派的许多人选择逃离法国，在其他国家建立新的社区和定居点。

伊丽莎白时代的海狗

挑战西班牙新大陆霸权的第一个英国人是约翰·霍金斯。霍金斯的做法与法国私掠船不同。法国私掠船是在政府的支持下袭击和打劫西班牙船只，而霍金斯是一位商人，在1562—1569年间向西班牙主导地区发起的三次航行，首要目的都是商业冒险。然而他的旅行也并非单纯的贸易之旅。

未知艺术家的肖像画，描绘了16世纪英国三位最重要的航海家和私掠者：托马斯·卡文迪什（1560—1592），弗朗西斯·德雷克爵士和约翰·霍金斯爵士（1532—1595年）。

霍金斯的第一次航行是在 1562—1563 年间。他从普利茅斯出发，前往几内亚的非洲海岸，在那里他从一艘葡萄牙船上劫持了 300 名奴隶。他穿越大西洋，将奴隶卖给了海地岛的种植园主，获得了巨额利润，使他成了普利茅斯最富有的人。这次冒险的成功也为他赢得了英国高层对他第二次航行的支持。

1564 年，女王伊丽莎白一世授权霍金斯使用 700 吨的战舰"吕贝克的杰西"号作为舰队的旗舰进行第二次航行，海军委员会和伦敦市的商人们也出资赞助了此次冒险航行。霍金斯在非洲海岸进行了一系列袭击，抓获了 400 多名奴隶。但当他抵达南美洲时，发现西班牙政府已经警告所有的贸易站不要与他交易。尽管如此，霍金斯依然继续在各个港口周旋。通过武力威慑和长时间的讨价还价，他最终以葡萄酒、面粉、布料和亚麻等货物换取了黄金、白银和珍珠，同时也卖出了奴隶。1564 年 9 月，他回到英格兰时，再次为他的投资者带来了丰厚的利润，霍金斯本人也成为英格兰最富有的人之一。

尽管霍金斯向伊丽莎白女王保证他的远征完全是和平的——"尊敬的女王陛下，我这次航行的目的是在几内亚装载黑奴，并在西印度群岛出售以换取黄金、珍珠和翡翠"，但西班牙驻伦敦大使依然对此感到愤怒，并将霍金斯正在计划另一次航行的消息紧急报告给了西班牙国王费利佩二世。

这一次他的船队由 6 艘船组成，其中一艘船由他的表弟德雷克指挥。但灾难接踵而至。水手们在非洲海岸尽力地装载奴隶，但当他们抵达西印度群岛时，却发现每个港口都不对他们开放。霍金斯再次试图利用武力和外交手腕来出售他的货物，但效果不佳。在墨西哥湾的一场风暴中，他们被迫来到韦拉克鲁斯的圣胡安港躲避。这是一个西班牙转运财宝的港口。他夺取了俯瞰港口的堡垒作为临时营地，但第二天，西班牙的两艘战舰就护送着珍宝船队抵达了。霍金斯意识到自己这次不再是与当地官员谈判，而是要与新上任的"新西班牙"①（New Spain）总督对垒了。

在谈判期间，新西班牙总督突然命令手下对英国人发起攻击，双方随即爆发

---

① 指 16—19 世纪西班牙帝国在北美和中美洲的殖民地。它的范围包括今墨西哥、加利福尼亚半岛、中美洲的大部分地区，以及一些美国南部地区，如佛罗里达、得克萨斯和新墨西哥等。

CIVITAS CARTHAGENA in India occidentalis continente sita, portu commodissimo, ad mercaturam inter Hispanam et Peru exercendam.

CARTAGENA

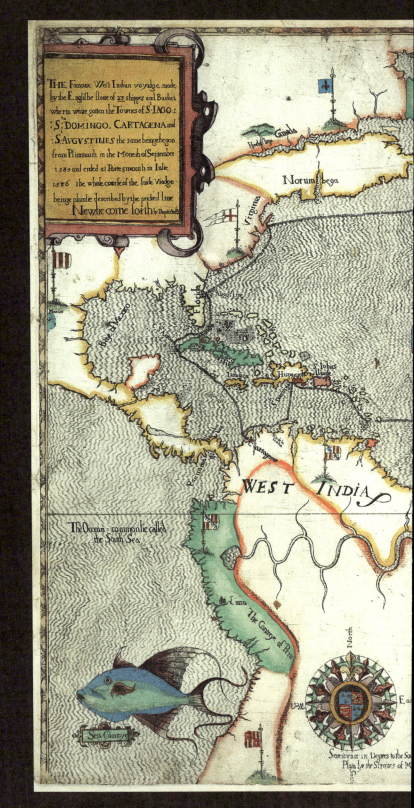

巴普蒂斯塔·博阿齐奥绘制的海图《航行全图》，描绘了德雷克在1585—1586年的西印度航行。

Norwaye

Sweden

Scotland

Irland

Englande

Denmark

Lowe Countries

Germanie

France

Italie

Brest

Spaigne

Barbarie

AFRICA

Guinea

The vove Homewarde

Ilandes of Acores

Ilandes of Canaria

cale of 300 Leagues

C. Blanck

Ilandes of Cape Verde

Verde

The vove Outwarde

Equinoctiall Lyne

Ilandes of S. Tome

Brasill

《栩栩如生的殖民者海盗》，出自霍华德·派尔的《海盗书》。
一名装备着匕首和来复枪的海盗在站岗。

了一场战斗。霍金斯和德雷克在战斗中侥幸生还。德雷克的归途平稳无事，霍金斯却经历了一场噩梦般的旅程，最后只有 15 名幸存者回到了普利茅斯。这次带回来的财宝几乎无法弥补远征的花费。西班牙政府不遗余力地维护其贸易垄断的行动，使得霍金斯和德雷克深信，与西班牙进行和平贸易是不可能的，英格兰分享新大陆财富的唯一途径只能是武力掠夺。

年仅 29 岁的德雷克在圣胡安港之战后返回英格兰。他余生的大部分时间致力于对西班牙发动战争。与霍金斯不同，他没有尝试进行贸易，也没有浪费时间进行外交斡旋，而是专注于对西班牙船只和海港进行毁灭性的袭击。

德雷克作为一名航海家、探险家和海军将领，取得了巨大成就和战功，使他成了国家英雄。毫无疑问，他是那个时代伟大的海洋巨子。但他是海盗吗？我们通常将德雷克描述为私掠船长，但私掠和海盗之间的界限其实很模糊。德雷克大约于 1540 年出生在普利茅斯附近，14 岁时开始从事航海工作。27 岁时，他参加了约翰·霍金斯的第三次航行，指挥舰队中的一艘船前往西印度群岛。1572 年，他领导一支远征队前往加勒比地区，攻击了巴拿马地峡北部的诺布雷迪奥斯，俘虏了一艘来自卡塔赫纳的西班牙商船，并抢劫了一支运送财宝的骡队。1577 年，德雷克率领一支由 5 艘船组成的船队，以"鹈鹕"号——后来更名为"金鹿"号——为旗舰，前往南美洲。他绕过麦哲伦海峡，沿着太平洋海岸一路劫掠。他获取的最惊人的战利品是巨大的西班牙珍宝船"卡卡福戈"号，他从船上抢得了 13 箱银币、26 吨银锭、80 磅黄金，以及大量宝石和珍珠。德雷克于 1580 年 9 月回到普利茅斯，成为世界上第二位完成环球航行的人。

1585 年，德雷克又一次远征时，英格兰再次与西班牙进入战争状态。因此，他在古巴的圣多明各和中美洲的卡塔赫纳发起了大规模的进攻，最后凯旋。两年后，德雷克在对加的斯港的袭击中摧毁了 31 艘敌船，并在 1588 年英国与西班牙的海战中发挥了重要作用。此战中，英国海军大败西班牙无敌舰队，为日后英国取代西班牙成为新的海洋霸主奠定了基础。1596 年 1 月，德雷克在伦敦波多贝罗附近死于痢疾，后被海葬。德雷克的生平清晰地展现了海盗行为和私掠行为如何与更宏观的政治局势及国际关系密不可分地联系在一起。

德雷克与巴沙洛缪·罗伯茨、"黑胡子"相比，并不是同一种意义上的海盗。罗伯茨和"黑胡子"随时准备无差别地攻击来自任何国家的船只，而德雷克只劫掠西班牙船，并且得到了君主的默许。罗伯茨和"黑胡子"在行动时会升起黑色的海盗旗帜，而德雷克的船头则悬挂着英格兰的圣乔治旗，这也就意味着，当德雷克俘虏一艘船时，他是以英国女王的名义行动的。他告诉"卡卡福戈"号的船长，他"携带着女王给予他的武器和委任状，奉英国女王的命令来抢劫"。

德雷克与后来那个世纪中的海盗最显著的区别，在于他对战利品的处理方式。罗伯茨、"黑胡子"和埃弗里会按照海盗的传统将战利品分给自己和船员，而德雷克将则他的战利品带回国并交给政府。从"卡卡福戈"号和其他船上抢劫的财宝被带回英国，并被锁在伦敦塔中。在全面清点后，德雷克被允许留下1万英镑，并将差不多同等的金额分给其他船员。女王收到了约30万英镑，其他投资人则根据1∶47的比例获得相应的投资回报。

以上事迹无法证明德雷克从事海盗行为。然而，当德雷克在1572年截获诺布雷迪奥斯的骡队时，英格兰与西班牙并未处于战争状态。因此，当他在1573年带着战利品回国时，女王及其幕僚非常担忧他的行动会对英西关系产生不利影响，以致他在某种程度上被英国王室抛弃了，他被迫带着他的财宝藏匿了起来。在接下来的将近两年时间里，他消失在了历史记载中，他的下落也成了未解之谜。

在上一次的探险中，德雷克在巴拿马地峡看到了太平洋，并下定决心要在那片英国人从未到达过的水域航行。1577年，德雷克率领船队重新出发，这一次他的目的是要完成一次伟大的环球航行。1580年，德雷克完成环球航行后回到英国，他听到传闻说女王"通过秘鲁人和西班牙人听说了他所犯下的抢劫行为，因此对他感到不满"。然而，民谣和小报歌颂了他的壮举，街上的人群将德雷克当作英雄，无论他走到哪里都会引来人群围观和欢迎。不久后，女王的态度有所缓和，她召见了德雷克，和他进行了长达6小时的交谈，向他打听了关于这次伟大航行的细节。在伦敦泰晤士河南岸的德普特福德码头，伊丽莎白女王在民众

"黑胡子"经常被视为海盗的典型形象。

的欢呼声中，在德雷克舰队的旗舰"金鹿"号的甲板上，向德雷克授予了爵士头衔。然而这场盛大的仪式激怒了西班牙大使门多萨。

女王现在喜欢称德雷克为"她的海盗"，但是德雷克的非官方掠夺行为也就到此为止了。被授予爵士头衔后，德雷克成为一名议员，并在随后出任普利茅斯市市长。1585年，英国和西班牙作战期间，德雷克作为海军将领，带领舰队前往西印度群岛。此次远征是一次彻底的军事行动，得到了王室的公开支持和财政资助。他率领一支由21艘战舰和2300名士兵组成的舰队，对圣多明各和卡塔赫纳发起了大规模的袭击，这是明确的战争行为而不是海盗行为。

沿海兄弟会

在德雷克肆虐西班牙主导地区的同时，一股新的势力正在西印度群岛上发展壮大。不同国籍和背景但同样心怀不满的人在那里聚集起来。其中一些人在面积较小的圣基茨岛和马提尼克岛上建立了烟草种植园，却遭到西班牙士兵的驱逐。西班牙人摧毁了他们的庄田，烧毁了他们的房屋。来自弗吉尼亚州的优质烟叶的竞争和甘蔗的引进，也从经济层面影响了种植者们的生活。收割甘蔗是一项艰苦的工作，人们认为很少有白人能够承受热带的酷暑和工作的辛劳，因此越来越多的黑奴从非洲被运到这些种植园，而成千上万的原先拥有劳动契约的白人劳工则被解雇。

许多被剥夺财产的定居者和找不到工

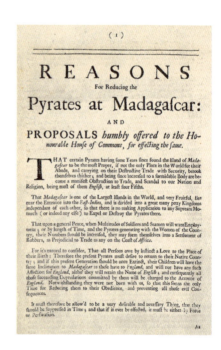

这张 1705 年前后的报纸称，海盗在马达加斯加扎根得如此牢固，以至于解决这个问题的唯一可行的办法是向他们提供"宽恕和自由"的特赦。

作的劳工前往海地岛，他们与逃犯、逃亡奴隶、宗教难民和来自私掠船的逃兵聚集在一起。多岩石的海岸提供了一定的防御，让西班牙人难以登陆，而广阔的内陆纵深与山脉则使得逃亡者可以在复杂的地形中藏身，因此该地区成为一个理想的避难所。由西班牙殖民者引进的牛和猪在没有任何天敌的环境下肆意繁殖。早期的殖民者海盗在岛上四处猎杀动物，并将熏制的肉、兽皮和动物油脂卖给经过的私掠船船员。根据法国传教士杜特尔神父的说法，"他们没有任何房屋或固定的住所，只是在动物出没的地方集结"。

早期典型的殖民者海盗强壮而血腥，穿着兽皮制成的衣物，装备着五花八门的武器。他们穿着生牛皮长裤和猪皮靴子，以保护自己在内陆地区狩猎时不被荆棘和仙人掌刺伤。他们的衬衫是粗糙的亚麻布，头戴帽子以遮挡热带阳光，腰带上别着两把屠夫刀，通常还会携带一把剑和一支独特的长筒枪。"你会说这些人就像屠夫最肮脏的仆人，在屠宰场里待了八天都没有洗过澡。"杜特尔神父写道。

殖民者海盗通常以 6～8 人为一小组进行狩猎。在这个几乎完全由男性组成的社会中，每个海盗都有自己的伙伴：他们一起行动，在战斗中互相保护；当其中一个人死去时，另一个人则继承他的财物。这是一种像婚姻一样的伙伴关系，与海军中的水手非常相似，他们通常也会有一个共同生活并分享少数财产的伙伴。这对于传统的海盗形象——酗酒、好色，在每个港口都跟娼妓鬼混——来说，是一个正面的修正。

西班牙人当时如果足够明智，就应该放任这些人追求他们无害的狩猎和贸易生活。但就像他们决心镇压佛罗里达的新教徒定居点和圣基茨岛上的烟草种植者一样，他们也不能容忍殖民者海盗存在于海地岛。在 17 世纪 30 年代的一系列内陆扫荡行动中，他们追捕殖民者海盗，驱赶并消灭了他们赖以为生的动物。

于是，殖民者海盗将自己的狩猎区域从内陆转移到了海岸。他们开始袭击和掠夺经过的船只，并且自然而然地将目标集中在了他们痛恨的西班牙船只上。大约在 1630 年，一些殖民者海盗在海地岛北部的岩石小岛上定居——

该岛由哥伦布发现并命名为托图加岛——岛上有一个优良的港湾，并且距离向风海峡和古巴沿海的西班牙航线很近。托图加岛上最早的殖民者海盗首领之一是让·勒瓦苏尔，他是一个法国胡格诺派新教徒难民，曾经是一名军事工程师。1640 年，他在港湾上方的岩石山上建造了一座堡垒，并配备了 24 门大炮，称为罗彻堡。罗彻堡成功地保卫了殖民者海盗的据点。直到 1654 年，西班牙人派遣 5 艘战舰前来托图加岛，几百名士兵对堡垒发动了攻击并夺取了它。

海地岛的一名殖民者海盗，带着他的猎狗和火枪，此前岛上居民由于西班牙的侵略而变成海盗。

FRÈRE DE LA CÔTE

(XVIIᵉ Siècle)

19 世纪中叶法国图书中对殖民者海盗的浪漫化的描绘，
出自 P. 克里斯蒂安 1850 年出版的《海盗史》。

牙买加海港风云

　　牙买加岛拥有美丽的沙滩和一直延伸到蓝山山脉[①]（Blue Mountains）的山丘，山上植被丰富。英国人在 1655 年占领了牙买加岛。他们赶走了西班牙驻军，

[①]　牙买加最长的山脉，最高海拔 2256 米，著名的"蓝山咖啡"原产于该山脉。

理查德·帕顿绘制的《从牙买加罗亚尔港出航》。当时的罗亚尔港不过是英国的一个海军基地，城镇位于画面中景处的陆地尖端。

并在牙买加岛南岸的罗亚尔港建造了一座堡垒来保护金斯敦湾。在接下来的 30 年里，连续几任总督都鼓励海盗将他们的船只和船员从托图加岛转移过来，驻扎在罗亚尔港。他们相信海盗的存在可以阻止西班牙人夺回该岛，并且还能阻止法国对该殖民地的任何企图。到了 17 世纪中叶，许多殖民者海盗已经将基地迁往罗亚尔港。

彼得·莱利绘制的克里斯托弗·明斯爵士（1625—1666）肖像。明斯在 1650 年代和 1660 年代通过攻击加勒比地区的西班牙定居点积累了一笔财富。

罗亚尔港是海盗们的理想聚居地和避风港，它的战略位置也有利于海盗们袭击前往向风海峡的西班牙船只。它为船只提供了修理和补给设施，并为海盗们的非法战利品提供市场。在其鼎盛时期，港口大约有 6500 位常住居民，码头上停满了商船，仓库里堆满了香料、烟草、糖、牛肉和装满葡萄酒的木桶。镇上有 4 位金匠、10 位裁缝、13 位医生、25 位木匠和 125 位商人。另外，数量不少于 44 家的酒馆也使这个小镇轻松获得了远扬的恶名：它十分欢迎海盗、强盗和"一群肮脏的婊子和妓女"。加洛斯角是小镇东部的一处低洼海角，在 1680—1830 年间，有许多海盗在此被处决，尤其是处决声名狼藉的"棉布杰克"最为出名。

罗亚尔港繁荣起来的最重要原因是，它为海盗们提供了免遭起诉的豁免权。牙买加的几任总督，特别是爱德华·多伊利[①]（Edward D'Oyley，1617—1675）和托马斯·莫迪福德爵士（Sir Thomas Modyford，?—1679），特意通过签发私掠状来合法化海盗的活动，授权殖民者海盗船攻击和俘获西班牙船只。多伊利总督甚至组织了俘虏法庭，用以评估和处置被俘虏的船只及货物。

当英国和西班牙之间的矛盾爆发时，牙买加便成为英国对西班牙进行重大武装行动的基地。1662 年，克里斯托弗·明斯船长率领一支由 11 艘船组成的舰队前往古巴，并袭击了圣地亚哥。他俘虏了 7 艘船，洗劫了城镇中的银箱和酒桶。在取得这一成功后，牙买加地方议会授权明斯筹备第二次冒险。同年晚些时候，他率领 12 艘船驶向大陆，并洗劫了尤卡坦半岛上的坎佩切镇。随后他带着价值 15 万枚"八分银"[②]（pieces of eight）的财宝返回牙买加。

明斯专门进行突然袭击式的进攻，比如让部队在离目标还有一定距离的地方登陆，穿越乡村，然后从城镇防守薄弱的一侧进行突然袭击。一位殖民者海盗的首领曾随明斯参加过多次突袭，他注意到了这种成功战术的特别，然后在自己的战斗中进行模仿，并取得了更加惊人的效果。这个海盗首领就是亨利·

① 英国军人、议员，曾两次出任牙买加总督。

② 是一种历史上流通过的硬币。16—19 世纪广泛流通于西班牙的殖民地和贸易网络，通常被认为是世界上第一种国际货币。这些硬币由白银制成，每八分之一等值于 1 西班牙雷亚尔，因此也被称为"八雷亚尔"。由于其在加勒比和美洲地区的贸易和海盗活动中被频繁使用，遂逐渐成为海盗文化的象征之一，经常出现在关于海盗的故事和传说中。

摩根——一个雄心勃勃、冷酷无情的私掠者，在其海盗生涯中总能逢凶化吉，传统上被认为是最成功的殖民者海盗之一。他在新大陆无端地对西班牙定居点发起了一系列袭击，他的手下也会不择手段地使用野蛮的酷刑从俘虏身上获取情报。这些成功的突袭行动得到了牙买加地方议会的全力支持，摩根本人还获得了总督的书面授权："召集英国私掠者并俘虏西班牙国民"。如此一来，只要将攻击对象限定为西班牙船只，摩根在法律上就是代表英国政府行事。但他其实并没有获得洗劫西班牙定居点的许可，只是这些袭击行动非常赚钱，因此当局选择对此视而不见。此后，摩根迅速成为私掠者和殖民者海盗的混合团队的领袖，他们的组织被称为"海岸兄弟会"。

尽管目前还不清楚具体有多少人参加"海岸兄弟会"，但在摩根的时代，殖民者海盗已经成为加勒比海一股实力强大且令人敬畏的力量。据牙买加历史学家克林顿·布莱克估计，在 1668—1671 年，约有 2600 名奴隶和劳工从岛上的甘蔗种植园逃跑，后加入了海盗的队伍。当亨利·摩根发出号令，要求"海岸兄弟会"的成员在海地岛的提布隆角集结，进行洗劫巴拿马城的远征时，有 33 艘船和 1800 名男子云集响应。

1668 年 3 月，摩根洗劫了古巴的普埃尔特普林西佩市①。4 个月后，他在加勒比海的另一边进行了更加惊人的行动——袭击了巴拿马的波多贝罗镇。他率领 500 人的队伍，在距离城镇 3 英里的地方登陆，并于 7 月 11 日黎明前发起攻击。在征服了城堡之后，他洗劫了整个城镇，并通过谈判获得了价值 10 万比索的银锭和金币作为赎金。因为这样的战果，他和手下在回到牙买加时被当作英雄而受到欢迎。

次年，摩根率领舰队前往位于墨西哥湾的马拉开波（今属委内瑞拉）。这座城市经常成为海盗的目标。在这次行动中，摩根被 3 艘西班牙战舰困在潟湖②中。但通过一系列巧妙的诡计，他愚弄了西班牙指挥官，烧毁了他们的旗舰，并趁着夜色从堡垒的炮火中逃脱。

---

① 即今古巴的第三大城市卡马圭。

② 潟，音"xì"。潟湖是海水被泥沙或珊瑚分隔后形成的独立于外海的水域。

版画亨利·摩根
（1635—1688）肖像。

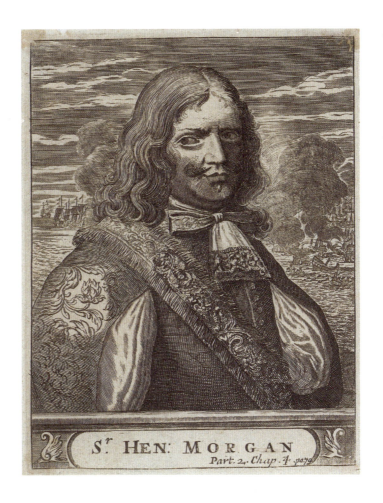

St HEN: MORGAN
Part. 2. Chap. 4. pag.79.

　　摩根最引人注目的袭击行动是著名的巴拿马城洗劫。那次行动名义上是报复西班牙对牙买加的袭击，并再次得到了托马斯·莫迪福德总督的支持。摩根率领近 2000 人的队伍于 1670 年末出发，成功夺取了巴拿马北海岸的圣洛伦索堡，然后乘坐独木舟沿查格雷斯河南下，经过艰苦跋涉后抵达巴拿马城。在激烈的战斗并付出巨大的伤亡后，他们夺取了这座城市。在接下来的四个星期里，海盗们洗劫了这座城市，巴拿马城被付之一炬。次年 2 月下旬，摩根的队伍穿越地峡返航，这次随行的还有 175 匹满载财宝的骡马。

1668 年，亨利·摩根率领殖民者海盗洗劫古巴的普埃尔特普林西佩市（卡马圭）。西班牙人进行了顽强的抵抗，直到摩根威胁要焚烧城市并屠杀所有居民，他们才屈服了。

回到牙买加后，摩根发现政治局势发生了很大变化。根据 1670 年的《马德里条约》(*Treaty of Madrid*)，英格兰承诺镇压海盗活动，作为回报，西班牙承认英国对牙买加的主权。为了安抚西班牙，摩根被迫返回伦敦应付关于他的海盗罪的指控。在伦敦，他更像一个受欢迎的英雄而非罪犯。1674 年，摩根被查理二世封为爵士，并被任命为牙买加副总督。1688 年，他因"酗酒和熬夜的习惯"导致水肿而死于牙买加。

亨利·摩根去世后，罗亚尔港作为加勒比海盗活动中心的地位并没有持续太久。1692 年 6 月 7 日的早晨，一场大地震降临了这座城镇。砖石建筑倒塌，城北的仓库和两条街道滑入海中。地震造成的直接后果是 2000 多人死亡，另有 2000 多人死于发热或其他疾病。尽管罗亚尔港日后以较小规模重建，并成为一个重要的海军基地，但它再也没能恢复作为贸易港口的繁华。考虑到它有着作为一个道德败坏的"海盗中心"的名声，人们把地震视为对"罗亚尔港那个邪恶和忤逆之地"的神圣审判也就不足为奇了。

殖民者海盗会使用各种策略来获取战利品。他们通常的做法是在西印度群岛的海岸线附近巡航，利用小船突袭从韦拉克鲁斯和诺布雷迪奥斯满载而归的西班牙珍宝船。他们乘坐敏捷的轻装小船从笨重的大帆船后方迅速接近，随后攀爬上船，以迅速而凶残的攻击震慑船员，迫使他们屈服。

亚历山大·埃斯奎梅林曾与海盗一起航行多年，写下一份详细描述海盗残暴行径的报道，后来成为畅销书，并被翻译成多种欧洲语言。虽然人们对他故事中的真实性有一些质疑，但从其他作者那里可以得到充足的证据，证实许多海盗船长确实存在残忍的虐待行为。一位当事人写道："私掠船员将人切成碎片，或者用绳索绑住人的头部，然后用棍子不断扭紧绳索，直到那人的眼珠暴出，这种事情十分常见。"

罗克——或称为罗切·巴西利亚诺——是一名荷兰海盗，以残忍而出名。据记载，一些西班牙人因为拒绝透露他们养猪的地方在哪儿而被他活活烤死。弗朗索瓦·罗罗洛亚来自法国布列塔尼，并在托图加岛定居，他是一个让人不寒而栗的人。有一次，他用短剑割下一个西班牙囚犯的心脏，并将其塞进另一个囚犯的嘴里，以警示其他人。更加令人作呕的是来自法国朗格多克的丹尼尔·蒙巴斯设计的酷刑：他会剖开受害者的肚子，抽出肠子的一端钉在一根柱子上，然后用一根燃烧的木棍迫近那个可怜人的后背，迫使其手舞足蹈地挣扎至死。这些野蛮残忍的名声或真实或夸大，一部分无疑是海盗们为了瓦解受害者的斗志而自己虚造的，另一部分则是批评者们为了抨击海盗道德沦丧而编造的。

海盗们所犯下的无数暴力和残忍罪行确实罄竹难书，然而这些行为也应该放在当时的背景下来看待。在 17 世纪的英格兰，处决是公开展示的，大批民众会聚集在伦敦的泰伯恩或塔丘观看被绞死、开膛或分尸的犯人。时至今日，伦敦塔还在使用刑具来逼迫政治犯认罪。一些种植园主对在西印度群岛上劳作的黑奴也犯下了类似的残忍罪行，而这也是英国殖民历史中最骇人听闻的片段之一。

但是，另一些殖民者海盗——如威廉·丹皮尔、夏普船长和巴西尔·林格罗斯的事迹，则展现了他们的独特。他们虽然被追求财富的欲望所驱使，但也带着对知识的兴趣去探索周围的世界。特别是丹皮尔，他可能是殖民者海盗团伙中最神秘而有趣的人物——他是一位对知识抱有无尽好奇的科学家和观察家，也是一位曾率领官方海军远征队前往太平洋的指挥官。然而，他也因酗酒、懦弱和不诚实为人所诟病。丹皮尔年轻时在船上做学徒，在来到牙买加前干过各种各样的杂活。1674 年，在牙买加，他很快就与殖民者海盗们混在了一起。在他的海盗生涯中，一共完成了三次环球航行，并对他的冒险经历做了宝贵的记录。他的《新环球航海记》（*A New Voyage Round the World*）和《新荷兰航海记 1699》（*Voyage to New Holland in the Year 1699*）是旅行和自然历史写作中的经典之作。实际上，对于丹皮尔来说，海盗行为似乎只是他进行旅行和观察世界的手段。根据他的说法，"我们走得越远，获得的知识和经验就越多，这是我最看重的事情"。

丹皮尔的海盗同伴巴西尔·林格罗斯和巴沙洛缪·夏普也为地理学科的发展做出了重要贡献。林格罗斯的冒险日志中有许多关于海岸轮廓的描述，此外还有一本重要的手稿，上面有他手绘的地图，以及他基于西班牙海图和自己的观察编制的航海地图和信息。这些地图价值连城，得到了严密保护。

版画威廉·丹皮尔肖像，是根据托马斯·默里于约
1697 年的绘画作品制作的版画。

1682 年 7 月，三名刚从加勒比地区返回的殖民者海盗，在高等海事法院的陪审团面前被判无罪。案件的起因是南美洲太平洋沿岸的西班牙定居点遭到掠夺，有 25 艘船被摧毁，200 多名西班牙人丧生，造成的损失估计超过 400 万比索。在这次掠夺性远征发生时，西班牙与英国正处于和平状态，因此这看起来是一起证据确凿的海盗犯罪案件。但令西班牙大使愤怒不已的是，英国王室的影响力在判决中起了关键作用。夏普带回了一本"价值空前的西班牙手稿"，他将其呈递给了国王查理二世。手稿中详细描绘了南美洲太平洋一侧的完整海岸线，并附有将船只驶入从墨西哥的阿卡普尔科到合恩角之间所有港口的指南。在 1681 年 7 月，夏普从西班牙的"罗萨里奥"号上缴获了这本书——正好抢在它被扔进海中之前。这本书对于西班牙人来说就像金子一样宝贵。夏普在日记中写道："当我得到这本书时，西班牙人流泪了。"

尽管这些人被掠夺的欲望所驱使，但他们也证明了自己是出色的

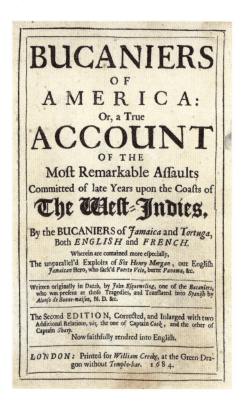

埃克斯奎梅林写殖民者海盗的著作的英文首版扉页，出版于 1684—1685 年，以及荷兰版的扉页，出版于 1700 年。在 1678 年至 1700 年之间，该书至少出了 11 个版本。

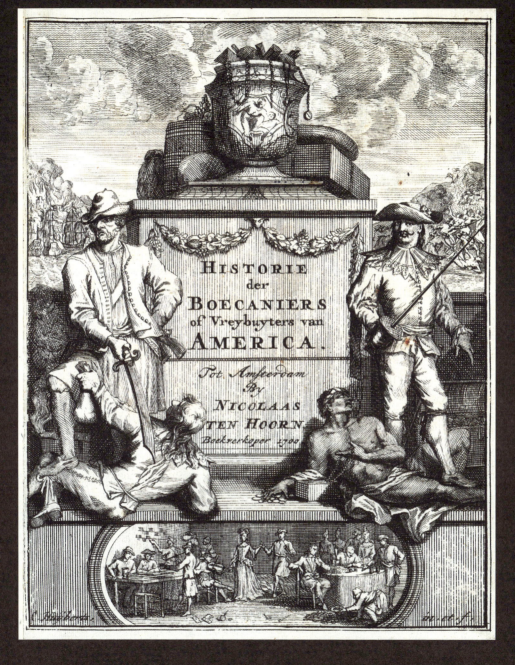

HISTORIE
der
BOECANIERS
of Vreybuyters van
AMERICA.

Tot Amsterdam
By
NICOLAAS
TEN HOORN
Boekverkoper 1700

航海家和无畏的探险家。他们的航行写成了令人瞩目的日志、出版物和关于未知海岸的海图，这些资料为后世的航海者提供了丰富信息和希望。事实上，对于埃斯奎梅林的《美洲海盗》（*Buccaneers of America*）的出版商来说，"海盗们无与伦比的勇气"和"书中所述的伟大尝试"证明了"英国人固有的高贵和勇气的荣光，而这种荣光正孕育着伟大的行动，就像它曾无数次实现过的那样"。

第二章

巴巴里海盗

1621 年，托马斯·罗伊爵士穿越地中海，前往位于君士坦丁堡的奥斯曼土耳其中央政府就任大使。他携带着詹姆斯一世写给土耳其苏丹的信函，要求后者用他的权威来镇压那些"常见的破坏国际法、打劫商人的流浪者。因为这些被劫的商人既正义又爱好和平，两国之间的友好关系正是靠着这些商人才得以维系"。他所说的"常见的流浪者"便是北非的巴巴里海盗。他们打劫商船、扫荡沿海定居点，已经在繁忙的地中海航线上横行了三个世纪。从很早的时候起，海盗行为就在繁忙的地中海航线上普遍存在。而为了从异教徒手中夺回"圣地"而进行的十字军东征，为穆斯林和基督教势力之间的海盗袭击奠定了宗教基础。从 16 开始到 19 世纪，这种带着宗教色彩的袭击持续了大约 400 年。

公元 7—8 世纪，北非沿岸的巴巴里诸邦——阿尔及尔、突尼斯和的黎波里——已经落入伊斯兰教的控制之下。在先知穆罕默德去世后的几年里，伊斯兰信仰席卷中东和整个北非，并蔓延至西班牙。后来巴巴里海盗能在地中海巩固势力，主要归功于具有希腊血统的"巴巴罗萨兄弟"——冒险家阿鲁杰（或奥鲁奇·雷斯）和海雷丁。

两兄弟来自一个改信了伊斯兰教的家族，并在 16 世纪初崭露头角。在他们的海盗生涯开始时，年长的阿鲁杰似乎是占主导地位的人。阿鲁杰在土耳其海军服役时，担任了一艘在巴巴里海岸巡航的私掠船的指挥官。以一部分战利品作为交换，阿鲁杰获得了突尼斯国王提供的庇护和一个安全的补给港口。从那时起，他开始建立一支强大的舰队，并在 1504 年凭借俘虏两艘高悬教皇尤里乌斯二世旗帜的珍宝船而树立了威名。在接下来的 10 年里，他掠夺了地中海各地的船只和定居点，并于 1516 年在弟弟海雷丁的帮助下占领了阿尔及尔。次年，阿鲁杰放弃了阿尔及尔苏丹的头衔，将阿尔及尔交给了奥斯曼帝国。作为回报，他得到

纪念阿尔及尔的海盗巴巴罗萨兄弟中的海雷丁海军上将的纪念章。

了帝国的支持，并得以实际统治该地。这种正式的联盟有效地在北非沿岸明确了奥斯曼帝国的存在，直到 1830 年法国夺取阿尔及尔。

阿鲁杰于 1518 年死于西班牙人之手，之后他的位置被弟弟海雷丁接替，后者继续与奥斯曼帝国苏丹赛利姆一世结为联盟。作为对他忠诚的回报，苏丹将他任命为阿尔及尔总督，并给他配备了一支由 2000 名苏丹亲兵组成的军队。作为苏丹舰队的海军上将，海雷丁扫荡了地中海沿岸的基督教地区，夺回了北非许多西班牙人的定居点。海雷丁 1545 年退休后移居君士坦丁堡，并于次年去世前，使得地中海的穆斯林舰队变得令人又敬又怕。他的朋友和继任者德拉古特①继承了他的事业，最终在 1551 年从耶路撒冷圣约翰骑士团手中夺取了的黎波里，达到他们海盗生涯的巅峰。

到 16 世纪末，经过了几个世纪的战争，基督教徒和穆斯林间达成了一种不稳定的平衡。南地中海由穆斯林统治者控制，而北地中海则由基督教国家控制。东地中海的大部分地区被瓜分为分属穆斯林和基督教徒的飞地。然而，平衡并不等于和平，宗教斗争仍在继续，其表现形式往往就是海上的掠夺行为。

尽管名义上巴巴里地区受君士坦丁堡苏丹的控制，但

---

① 奥斯曼帝国籍希腊裔穆斯林，奥斯曼帝国海盗、海军司令，后成为阿尔及利亚和的黎波里塔尼亚总督。1565 年 6 月，在马耳他围城战中被炮弹碎片击中，最终不治身亡。

实际上，巴巴里地区真正的权力掌握在每个邦的军政府选出的德伊或贝伊[①]手中。由于巴巴里诸邦建立在侵略性的军国主义和宗教冲突的基础上，所以，他们不可避免地会通过攻击基督教敌人的船只和定居点来维持自身的经济实力和军事独立。"巴巴里海盗（corsair）"一词源自拉丁语中的"掠夺

《西班牙战舰与巴巴里海盗交战》，由科内利斯·弗鲁姆于1615年绘制。几个世纪以来，西班牙一直是基督徒和穆斯林之间冲突的舞台。

[①] 德伊（Dey）和贝伊（Bey）都是巴巴里海盗使用的称号，都指北非地区的海盗统治者或领导人。

（cursus）"，揭示了其活动的非法性。但巴巴里海盗实际上处于海盗和私掠者之间模糊的界限上，他们的活动已经是巴巴里诸邦制度化的一部分，对其经济至关重要。因此有人认为，由于伊斯兰教和基督教之间的战争是无休止的，这种掠夺行为实际上是一种历史悠久、合理合法且双方都承认的战争手段，并不是海盗行为。

大体上，这种行为是被各方所接受的。虽然"巴巴里海盗"一词会让人联想到"北非巴巴里地区的穆斯林海盗打劫欧洲各国的地中海商人"，但实际上，基督教国家的海盗同样以对异教徒的战争为名，满怀热情地大规模袭击伊斯兰国家的船只和贸易，他们也属于巴巴里海盗。包括西班牙、摩纳哥以及意大利的撒丁岛、托斯卡纳、西西里岛在内的大多数地中海国家和地区，都发放了针对穆斯林船只的私掠许可证。然而，在这一时期，马耳他是最热衷于参与其中的，并且在经济上也最依赖海盗行为。马耳他岛上有相当大比例的男性从事这种被视为十分体面甚至光荣的职业。岛上发放的私掠许可证拥有耶路撒冷圣约翰骑士团大团长的完全授权。这个激进的基督教慈善组织于 1530 年由国王查理五世设置于马耳他岛，以抵御伊斯兰教在地中海的扩张。

神奇桨帆船

巴巴里海盗和其他大洋的海盗追求的战利品不尽相同，这也是他们之间的重要区别之一。伊斯兰教和基督教国家的海盗都会打劫对方的船只，但对于双方来说，最受欢迎的商品是奴隶。奴隶既是劳动力，又是潜在的赎金。多年来，一个管理有素且利润极其丰厚的体系逐渐发展成型，甚至出现了负责谈判和管理俘虏释放的中间人（通常是宗教团体的成员）。对奴隶有着高需求的原因之一是地中海的海盗们所使用的船只——桨帆船。负责划桨的奴隶死亡率很高，被俘的囚犯无论落入哪一方，最糟糕的命运都是被送上桨帆船充当桨手。桨帆船的设计非常适应地中海这样的封闭水域。典型的穆斯林桨帆船长约 54.8 米，宽约 4.9 米，非战斗状态时，只有一根桅杆用于航行；船身的大部分空间被利用来安放一排排的长凳，桨手们被铁链锁在长凳上，以最多 6 人一组来划动一根长达 4.6 米的巨桨；长凳的中央有一条走道，监工会在走道上督促桨手们更加卖力地划动——要么通过嘶吼谩骂，要么通过无所顾忌地挥鞭抽打。穆斯林桨帆船庞大的船头冲撞装置后方安装着一门大炮，当靠近敌船时，它会开火消灭对方甲板上的敌人。除此之外，桨帆船本身并没有装备太多重型武器，因为穆斯林海盗的标准战术就是撞击敌船并登船作战。作战人员会带着毛瑟枪和短弯刀爬上敌船，通过短兵相接而制服敌人。桨手们不参与战斗，因为作为俘虏，他们的立场显然难以被信任，并且一直被铁链锁在船舱里，也难以行动。此外，基督徒奴隶还被禁止接近穆斯林桨帆船的舵和罗盘。

　　桨帆船的设计初衷是为了短途航行，大多数航程可能不超过两个月。速度是它们最重要的优势，因此船只需要经常修缮，如清除附着在船体的海草并为船体打

这幅 17 世纪的雕版画清楚地展示了巴巴里桨帆船的布局，包括巨大的船头冲撞器、船首炮和单一的桅杆。

蜡，以提高它的航行速度。因此，许多海盗船在偏远岛屿或海岸线上设有避风港，以便在航行期间能够停靠休整，并补充淡水和物资。塞万提斯在他的小说《堂吉诃德》中也描述了海盗在西班牙海岸附近经常实施的相对短暂的侵扰。例如，来自摩洛哥北部港口得土安的海盗会在夜间起航前往西班牙打劫，无论在这趟短暂的袭扰中收获了什么战利品，他们第二天都会返航。

　　在穆斯林桨帆船上指挥的是"雷伊斯（意为领袖、首领）"，通常是一个欧洲的叛教者或土耳其人，同时也经常是船只的所有者。几乎和雷伊斯一样重要的是土耳其亲兵头土耳其人袭击希腊海盗。

查理五世的西班牙军队于 1535 年攻占突尼斯。

目，他指挥着战斗人员，并在所有与袭击相关的事务上发表意见。土耳其亲兵本身是一支以勇气和纪律闻名的战斗部队，他们通常拥有比他们的基督教对手更好的待遇。一艘穆斯林桨帆船可能会携带多达150名土耳其亲兵。每次航行时还会带上一名文书，他的任务是编制所缴获的物资和俘虏的清单。这些战利品之后会根据准确计算出的比例分给船员。在刚刚俘虏船只时，通常会发生一些偷偷抢夺乘客个人财物的行为，但主要的货物都会被带回本邦的港口。在17世纪30年代，根据各邦的具体情况，10%～12%不等的份额再加上1%的港口费会被留给奥斯曼帝国的代表、各邦名义上的行政长官帕夏。再扣除其他费用，剩下的部分被分成两份，一份归船只的所有者（或所有者们），另一份归所有船员。属于船员的这一份又会被进一步细分：雷伊斯获得10%～15%，高级军官获得3%，土耳其亲兵获得2%。划桨的奴隶也会得到一小部分，但当然不会分到他们手里，而是会被直接交给他们的主人。如此，奴隶主就可以利用划桨的奴隶获得可观的利润。

尽管穆斯林和基督教海盗的船只都属于桨帆船，但两者在船只本身和船员安排方面有着显著差异。基督教海盗的桨帆船整体上比穆斯林的更大，且不太灵活，通常有两根甚至三根桅杆。为了追求航行速度，穆斯林的桨帆船舍弃了一切，除按照比例尽可能多地搭载桨手，取消了旗帜以外的所有非功能性装饰。武器方面，因为穆斯林海盗主要依赖近距离肉搏，所以船上只有一门舰首迫击炮，且火炮质量普遍较差，这与基督教海盗船上的三门火炮形成鲜明对比。与之相反，马耳他的基督教海盗则更加倚仗火炮的威力，并以炮术而闻名。此外，基督教船上的纪律似乎比穆斯林船宽松和民主得多。在穆斯林海盗中很少有关于战利品分配的争议，而在马耳他，这种争议和案件十分常见。

奴隶营中的生活

无论是被俘于海上还是频繁的海岸袭击中，等待着那些不幸被海盗所俘虏之人的是残酷的命运——他们可能只是在达成赎金协议前在此短暂停留，也可能在

这里度过余生。对于那些幸运儿来说，如果他们能够证明自己的祖国与俘获他们的巴巴里邦缔结了条约，也许立刻就能重获自由。而其余的人则被带到奴隶营——一片用于容纳奴隶的庞大广场。在这里，俘虏仿佛进入了一个独立王国。这里有着自己的习俗、等级制度、语言和惩罚方式。首先是拍卖，新来的俘虏会在潜在买家面前被羞辱式地展览。如果他们被私人家庭买走，且在新主人那里运气够好，他们也许可以过上一种可堪忍受的家仆生活。而对于被贝伊或者城邦买走的奴隶来说，前景则要暗淡得多，奴隶营将成为他们的新家。

THE
CASE
Of many HUNDREDS OF
Poor Englifh-Captives,
IN
ALGIER,
TOGETHER,
With fome Remedies
To Prevent their Increafe, Humbly Reprefented to
Both HOUSES of
PARLIAMENT.

一份 17 世纪的宣传单，呼吁议会采取行动，解救在巴巴里地区被囚禁的 1500 名英国公民。

每个奴隶到达时，脚踝上都会被铆上一只沉重的铁环和链条。不过，通过贿赂也许可以获得较轻的链条，甚至干脆没有链条。接下来，每个奴隶都将按照登记信息拿到基本的衣物和一条毯子。到了这一步，就意味着很多人将面临一种远超身体负荷的劳役生活，从事那些足以累死人的工作，如采石或为建筑工程搬运石块。少得可怜的面包配给对于如此程度的体力消耗来说完全不够，所以一些城邦甚至有让奴隶在下午早早结束工作的惯例，好让他们可以去寻找食物，或者练习一门手艺以便自谋生路。奴隶营的封闭性还通过其内部的酒馆和商店得到进一步强化。通过贿赂监工，奴隶有时可以完全免于体力劳动，并被允许在手工作坊中从事某种专业工作，有时甚至可以离开奴隶营到城里从事一些工作，只

约 1700 年，奴隶在阿尔及尔被从船上卸下。

要在晚上返回即可。当然，更好的住宿条件也是能通过贿赂得到的。多年来，巴巴里海岸演变出了一种简化的混合语言（主要是西班牙语和意大利语），让各国的奴隶可以相互沟通。

西班牙作家塞万提斯曾在 1575 年被海盗俘虏，随后被囚禁在阿尔及尔直到 1580 年，期间他尝试过几次越狱，但均未成功。他在那段时间的许多经历都融入了《堂吉诃德》中，借逃亡奴隶之口讲了出来。在那里，"食不果腹、衣不蔽体"是他们的宿命，但与可能会遭受的其他惩罚相比——特别是当他们冒犯了伊斯兰宗教或与穆斯林作对的时候——这些都微不足道。在塞万提斯的笔下，绞刑、殴打和穿刺是家常便饭。毫无疑问，为了宣传效果，基督教徒对奴隶们所遭受的虐待进行了夸大，在他们口中，虐待的手段之

奴隶乘坐简陋的小艇试图逃离巴巴里海岸。只有少数被俘的海盗成功逃脱囚禁。

残忍和频率之高令人发指。但我们有足够的证据可以确定，类似的刑罚确实发生过，而且通常是因为微不足道的罪行。

保命小妙招

对于那些几乎没有赎金用以赎身的奴隶来说，"转变成土耳其人"——改信伊斯兰教——几乎是改善自己境遇的唯一办法。尽管放弃基督教信仰并不意味着脱离奴隶身份，但皈依伊斯兰教的人是不能被戴上脚镣的，并且最重要的是，可能不会被派去桨帆船上当桨手了。然而，由于有大量的桨帆船需要奴隶来划桨，那些强壮、健康、适合划桨的男性可能会被强制阻止改变他们的宗教信仰。

接受伊斯兰教信仰是一招没有退路的险棋，因为对于大多数人来说，这实际上断绝了他们重回原来生活的退路。那些企图恢复基督教信仰的人会受到特别残酷的惩罚，他们可能会被绑在火刑柱上，或以更可怕的方式死去。而被基督教船只俘虏的叛教海盗几乎不可能得到怜悯。在被俘期间，那些发誓放弃基督教信仰的人常常会采取一种常见的预防措施，即收集同伴的证言或宣誓书，以证明他们在内心深处仍然是真正的基督徒。塞万提斯记录了这种做法，以及这些证言在叛教海盗那里更为投机取巧的用途：他们随身携带着这些证言，如果被基督教船只俘虏，就可以假装自己是被迫加入海盗的虔诚基督徒。但这也带来了一定的风险，因为被穆斯林找到这些证言就意味着必死无疑。

叛教海盗的结局

改信伊斯兰教对欧洲造成的最大损失可能在于，叛教的海盗和奴隶们将技术和知识传播到了巴巴里国家，而当时的欧洲在这些领域正在迅速超越和领先伊斯兰教国家。欧洲水手为巴巴里国家提供了熟悉地中海以外水域的领航员，以及铸造火炮和训练炮手的技术员，并为他们带去了最佳劫掠地点和敌人防御状况的信息。巴巴里地区对这些新知识的重视程度非常高，以至于有一段时间，欧洲人即便不正式宣布放弃基督教信仰，也可以被接受成为巴巴里海盗，在北非各个港口活动。为了获取他们的知识和航海技术，他们不守规矩的行为也被忽视了。1606年，法国大使德·布雷夫斯评论了在阿尔及尔获得许可的英国海盗是何等"无法无天和荒淫堕落"：

> 他们随身携带佩剑，醉醺醺地穿过城市……他们与摩尔人的妻子
> 同眠……简而言之，他们获得了各种放纵与堕落的许可证……

然而，一旦掌握了欧洲航海技术的秘密，穆斯林国家对这些行为就变得不再那么容忍了。

寻求巴巴里国家保护的海盗船长们也带来了令人惊叹的战斗技术，这进一步加强了巴巴里海盗对地中海和大西洋贸易的威胁。17 世纪初，这些人里涌现出了一批特别杰出的人物，如亨利·梅因沃林。他于 1611 年在布里斯托尔海峡作为一名海盗猎人开始了自己的传奇人生，但很快他就成了一名独立的巴巴里海盗，并在摩洛哥的马摩拉港（今摩洛哥梅迪亚市）设立了基地。梅因沃林始终声称自己效忠英格兰，并且曾通过谈判从摩洛哥西北部的海港萨累解救了一批基督教奴隶，以此来证明自己的忠诚。他专注于攻击西班牙航运船，并且取得了非常大的成功，这迫使西班牙政府通过外交施压，让英国政府将他劝返。回国后，他获得了詹姆斯一世的赦免。晚年时，他曾担任国会议员，并著有一本未发表的海盗史，以及第一部权威的英文航海著作《海员词典》(*The Seaman's Dictionary*)。

1604 年，英西战争结束后[①]，欧洲港口充斥着大量的失业水手，其中许多人曾是私掠船员，他们一夜之间从国家倚重的爱国者变成了毫无用处且难以处理

---

① 指 1585—1604 年，英国与西班牙之间的一系列战争。1585 年，英国与荷兰签订条约，支持荷兰抵抗西班牙的统治，因此英国与西班牙开始敌对。1604 年，两国缔结合约，结束了敌对状态。

的麻烦。无论之前属于哪个阵营，他们都需要为自己的一技之长寻找用武之地。其中就有一名叫约翰·沃德的退役海军军官。他曾是一名渔夫，后来加入英国海军，并逐渐晋升为国王的座船"幼狮"号的指挥官。在 17 世纪初，他经常出现在朴次茅斯的酒馆中，煽动昔日的战友们发动叛乱，并怀念过去的私掠时代：

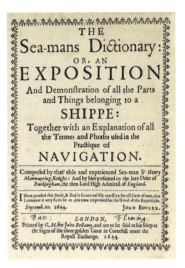

1644 年出版的亨利·梅因沃林《海员词典》的扉页。

> 该死，你希望我说什么呢？过去的日子去哪儿了？我们曾目睹的四季去哪儿了？那时我们可以自由地唱歌、咒骂、喝酒、嫖妓和杀人。我们可以随心所欲，法律会容忍我们的行为，不，我们甚至可以合法地去做那些事情，而现在我们却会因此被吊死。曾经整个海洋都是我们的国度，我们可以任意抢劫，而世界只是我们嬉戏的后花园。

此后，沃德成了海盗，并投靠了突尼斯的贝伊以获得庇护。没过多久，他便成了地中海最令人闻风丧胆的海盗船长之一，指挥着一支由 10 艘船组成的舰队。到了 1609 年，他成为伦敦街头小报和说书人的议论对象，人们谴责他与穆斯林头领结盟的背叛行为，同时嫉妒地细数他的宅邸的奢华："那是一座位于突尼斯的宏伟的官邸，富丽堂皇，大理石和雪花石膏雕塑随处可见，那儿更适合王子而不是海盗。"然而，他似乎对这

1816 年 8 月，由艾克斯茅斯勋爵指挥的英荷联合舰队对阿尔及尔进行了
炮击，使得超过 3000 名基督教俘虏从北非国家中获释。然而，直到 1830 年
法国占领阿尔及尔，巴巴里海盗的威胁才最终结束。

种生活感到厌倦，他想寻求基督教的赦免，但他的主动示好没有得到回应。最终他断绝了一切退路，皈依了伊斯兰教，并改名为尤素福·雷伊斯。1622 年左右，他因瘟疫死于突尼斯。

《荷兰人丹斯克尔之歌》（The Ballad of Danseker the Dutchman）记载了沃德与其他著名的欧洲裔巴巴里海盗的合作。西蒙·丹齐格（有时被称为丹瑟）先是在马赛当海盗，后来穿越地中海将基地转移到了阿尔及尔。在那里，他的成功为他赢得了"达利船长"——"魔鬼船长"——的绰号，但他因顽固地拒绝放弃自己的信仰而招致雇主的愤怒。直到 1608 年，他一直试图与政府谈判，以求回到法国，因为他的家人还在那里。最终，他带着来自不同国家的船员劫掠了一艘价值连城的西班牙大帆船后，返回了法国马赛。如果他一直留在马赛就可以安享晚年，但在 1611 年，他前往突尼斯去赎回一些被俘的法国船只时，被前任雇主的贝伊下令逮捕并被处以绞刑。

然而，丹齐格的重要性并不在于他所抢夺的财富，因为根据皮埃尔·丹神父 ① 的说法，是他将北欧维京人的"龙船"引入了地中海。这些龙船更加坚固，航行性能也得到了改善，能够应对更高的海浪和更长的航程。这项技术的传播产生了深远的影响：龙船的普及使得巴巴里海盗能够走出地中海，将作战范围扩展到大西洋。于是巴巴里海盗们逐渐以龙船取代了传统的桨帆船。龙船的普及导致摩洛哥的萨累港（此时是首都拉巴特的一部分）成了海盗的基地。在 17 世纪的一段很短的时期，海盗们甚至组建了一个独立的萨累共和国，他们在美洲和欧洲之间的航线上巡航，偶尔掠夺返程的东印度公司的商船。

在听到英国海军力量薄弱的报道后，穆斯林海盗还向德文郡和康沃尔郡的海岸派遣了远征队，从沿海村庄掳走许多男人、妇女和儿童。在 1617 年，一整支渔船护航队在从纽芬兰大浅滩渔场返回多塞特郡时被巴巴里海盗俘获。而在 1631 年，巴巴里海盗袭击了爱尔兰的巴尔的摩，掳走了 100 多名奴隶。最令人印象深刻的袭击行动是由叛变的荷兰私掠船长扬·詹斯（以"穆拉德·雷伊斯"

---

① 17 世纪 30 年代，皮埃尔·丹住在阿尔及尔，并在 1637 年出版了一部关于巴巴里国家和海盗的重要历史著作。

在 1683 年，法国领事莱瓦舍神父和其他 20 名法国居民在阿尔及
尔被暴民抓获，并被塞进大炮口，这是对法国封锁该港口的回应。

而闻名）发动的。1627 年，他率船队一直航行到冰岛北部，劫掠了雷克雅未克，
带走了大量腌鱼、兽皮和 400 多名俘虏。

　　尽管欧洲国家通过谴责巴巴里海盗的罪行而在良心上得到了些许安慰，但毫
无疑问，如果它们选择联合起来是能够消灭这一威胁的。然而，巴巴里诸邦的存
在对于地中海的各方势力来说，是一个维持权力平衡的方便工具，这场权力游戏
中的所有参与者都意识到并利用了这一点。英国舰队时不时会对穆斯林海盗发起
攻击，例如在 1671 年的一次战斗中，爱德华·斯普拉格爵士在布日伊①烧毁了一
支阿尔及利亚舰队。但这样的攻击都没有后续行动，因为它们主要是为了推动巴
巴里诸邦与英国签订条约。签订让英国船只免遭骚扰的条约，自然意味着海盗的
活动重点要转向其他国家的船只，从而能够打击英国的竞争对手的贸易。其他欧
洲国家也采取了同样的策略。法国也与巴巴里诸邦签订了友好条约，但他们还是
基督教海盗的最大投资者，并秘密出资在马耳他建造船只以对抗穆斯林海盗。事

---

① 阿尔及利亚北部港市贝贾亚的旧称。

实上，那些在马耳他设立基地并得到圣约翰骑士团庇护的海盗，都以宗教为借口合理化了利润丰厚的战利品交易和奴隶贸易。马耳他的奴隶市场是基督教世界第二大的奴隶市场，在这个市场中被交易的穆斯林将面临着与北非的基督徒俘虏相似的命运。

但直到 1682 年，英国和巴巴里诸邦才达成了有效的协议。根据该协议中的条款，来自英国的奴隶将被按照市价赎回；英国商船将可以安全航行，但巴巴里海盗仍保留登船并检查他们的通行证的权利。尽管该条约存在许多缺点，但英国依然与的黎波里和突尼斯也签署了类似的协议。随着时间的推移，该协议几经修订和更新，并以各种形式维持了 150 年，期间大多数英国奴隶获得了自由。

18 世纪，英法两国海上力量的增强导致海盗们的收益逐渐下降，巴巴里海盗们被迫将注意力转向实力较弱的国家。不过，1793 年英法之间爆发的战争使海盗们最后一次活跃起来，他们充分利用了欧洲的混乱局势大展拳脚。但是在 1815 年拿破仑战争结束后，海盗们受到了强烈反击。他们存在的必要性逐渐下降，越来越被视为对欧洲价值观和国际安全的侮辱。1816 年，英荷联军轰炸了阿尔及尔，并解救了约 3000 名俘虏。然而，巴巴里海盗活动直到 1830 年法国入侵阿尔及尔才最终结束。这次战役确立了法国对阿尔及尔的长期殖民占领，并迅速迫使突尼斯和的黎波里宣布放弃奴隶制和海盗活动。从 3 个世纪前巴巴罗萨兄弟开始的故事，就此告一段落，在接下来的一个多世纪里，那些曾经让巴巴里海盗们获利丰厚的国家开始对北非沿海国家进行殖民统治。

第三章

印度洋海盗

在欧洲的殖民扩张时代，贸易总是伴随着殖民国家的军舰而来，海盗则紧随其后，成为甩不掉的麻烦，不断威胁着合法商业行为并抢夺着商业利润。随着西班牙在西印度群岛影响力的下降，加勒比海盗的黄金时代在17世纪逐渐衰落，但从东方海域传来了新贸易机会的召唤，曾经劫掠西班牙珍宝船的海盗开始将他们不受欢迎的注意力转向新的财富来源地。潜在的回报是惊人的，但风险同样巨大。不过，有足够多渴望冒险的赌徒，他们的眼里只有黄金，毫不在意海盗生活的危险。

几个世纪以来，印度洋上的土著海盗一直在好望角以东的海洋上航行，而马可·波罗早在1290年就记录了印度西海岸的海盗危险：每年有超过100艘来自古吉拉特和马拉巴尔 ① 的海盗船，以20～30艘船为一编队在海上巡航。海盗们带着妻儿登船，整个夏季都在海上。这些船队被称为"海上围栏"，每艘船之间相隔大约6英里。通过这种方式，他们可以将数百平方英里的海域划分成网状，像捕鱼一样捕猎商船。他们之中最令人恐惧的是古吉拉特海盗。

> 这些人是这世上最胆大妄为的海盗，他们的暴行之一是这样的：当劫持一艘商船后，为了防止商人们偷偷将最昂贵的宝石和珍珠吞到肚子里，他们会强迫商人们将一种叫作酸豆（tamarindi）的东西与海水混合后吞下去，以引起剧烈腹泻。海盗们用这种方式保证他们能搜刮出所有的战利品。

其他早期的航海家也提到过，从红海岸到东南亚的西里伯斯岛（今印度尼西

---

① 古吉拉特邦与马拉巴尔海岸都隶属于印度，位于印度半岛的西海岸。

亚的苏拉威西岛）有大批海盗船出没。而16世纪初大量欧洲商船的到来，为这些存在了几个世纪之久的土著海盗提供了一个诱人的新目标。与之相对的是，欧洲人也并不介意从航行途中遇到的本地商船上捞一把。而在欧洲的殖民扩张蔓延到东方海域初期，宗教差异就成为掠夺其他国家船只的便利借口，如伊斯兰教信徒不遵守基督教的道德准则，因此欧洲人认为攻击他们是合法的。

　　首先登上舞台的是葡萄牙人。到16世纪中叶，葡萄牙商人已经建立了许多连接非洲东海岸和东南亚岛屿的贸易中心。早期的葡萄牙旅行者们绕过非洲海岸前往印度，他们面对的是一个复杂的贸易网络，主导者要么是不希望有任何外人染指的当地商人，要么是觉得自己的"地盘"被侵犯并因此感到愤怒的阿拉伯商人。这些早期的欧洲访客的行为并没有对双方的关系产生正面影响。1498年，达·伽马①东航时，在非洲海岸劫掠了一艘印度三角帆船，夺得了大量的黄金和白银，从而破坏了土著商人与欧洲探险家之间的信任。之后，他反过来成为当地海盗的目标，并遭到了从印度果阿出发的海盗的袭击。海盗们乘坐着挂有彩旗和彩带的小型双桅帆船，击鼓吹号以恫吓他们的欧洲敌人。

　　1497年，达伽马绕过了好望角，之后开辟了通往东方的海上航线。随后的一个世纪里，葡萄牙人统治了东方海域。但这是片利润丰厚的市场，吸引了来自荷兰和英国的商人加入，产生了激烈竞争，并最终打破了葡萄牙的垄断。到17世纪初，英国和荷兰都成立了贸易公司，试图建立贸易霸权。在政府特许经营的保护下，这些"商业冒险家"在贸易中拥有我们今天无法想象的行动自由。他们带着侵略性的态度和坚定的种族、宗教优越感，毫不犹豫地抢劫土著商人和欧洲竞争对手的船只。

　　向东方航行需要花费巨资，而获利目标的选择至关重要。因此，尽管东印度公司在早期没有明确的海盗政策，但是否利用人数和武装优势来抢夺所遇到的富裕土著或敌对国的船只，则全靠指挥官的个人决断。英国东印度公司②在1601年

---

① 瓦斯科·达·伽马（1469—1524），葡萄牙航海家、探险家。曾参与西葡战争，后受葡萄牙国王委托寻找前往印度的海上航路。他于1498年抵达印度，打通了欧洲通往印度洋的新航路。此后他被任命为印度总督，于1524年在印度去世。

② 如无特别说明，下文出现的"东印度公司"均指英国东印度公司。

的首次航行由詹姆斯·兰开斯特指挥。比起真正的贸易航行，这支拥有 4 艘船的舰队更像是去抢劫西班牙和葡萄牙的贸易商船。在 1612 年初，该公司的另一位指挥官亨利·米德尔顿爵士——他曾在 1609 年被红海入口处的索科特拉岛地方政府囚禁——在印度西部的达波尔港劫持并掠夺了两艘葡萄牙船只，然后返回他曾受辱的地方"报复土耳其人和蒙古人对我们犯下的错"。在次年 5 月，他与约翰·萨里斯船长会合，一起侵扰该地区的土著商人。他们洗劫了大约 15 艘土著船只，迫使船主接受他们用英国粗布强行交换商品的提议，对英国和当地的贸易关系造成了长期的恶劣影响。即使只有几艘船如此行事，也足以严重地扰乱贸易信用，带来远超这些抢劫行为本身的恶劣影响。1613 年，威尼斯驻君士坦丁堡大使写信向他的上级汇报了这些海盗行为的影响，他提到一名从开罗来的使者，"奉帕夏之命专程报告在红海遭受的巨大损害……他们不断劫掠富裕的土耳其船只，这对开罗这座伟大城市的贸易构成了毁灭性的威胁"。不过，得益于莫卧儿政府的善意与配合，东印度公司正在印度大陆上兴建永久性的贸易中心，因此不得不禁止其麾下的指挥官从事此类劫掠行为。事实上，到了 17 世纪末，东印度公司甚至被迫承担起了印度洋的治安执法责任。

英国内部的对立派系也利用海盗来为己方牟取利益，并卷入了错综复杂的印度洋局势，进一步加大了事情的复杂性。尽管东印度公司试图与非法劫掠船只的海盗保持距离，但他们的努力受到了本国君主的破坏。1630 年，常常资金短缺的英王查理一世委任理查德·奎尔船长前往红海巡航，并扣押"任何不属于王国友邦或盟国的船只"。奎尔在该地区袭击了几艘船。这趟显然是海盗行为的航行取得了巨大成功，进而鼓励了国王在 1635 年委派威廉·科布船长进行变本加厉的行动：

> 在整个海域自由航行……并夺取所有财宝、商品……在赤道以南的范围内，可以抢夺异教徒或与我们不处于同盟或友好关系的其他所有君主、统治者或国家（的财富）。

东印度公司的商船，约 1700 年由彼得 · 莫纳米绘制。

科布获得特许后，英国海员之间开始流传一句广为人知的谚语："赤道线以南无和平。"科布在红海打劫了几艘印度商船，这激怒了莫卧儿帝国的统治者，他们把怒火发泄在了东印度公司的贸易代表身上。这些代表来自东印度公司位于印度西海岸的主要贸易站之一的苏拉特。在那里，该公司的商人们遭受了酷刑和监禁，最终在公司支付了 18000 英镑的赔偿后才重获自由。尽管东印度公司坚持要求将科布带回英国，并以海盗罪对其进行审判，但他身居高位的朋友让该案件一直拖延至 1644 年都没有得出明确的结论。印度莫卧儿帝国统治者的愤怒不难理解，他们还在此后与海盗威胁相关的官方事务中多次表现出来。东印度公司因此面临着一个棘手的难题：他们和英国海盗都得到了英王授权的贸易特许，那么他们该如何向贸易对象证明他们和海盗并不相同？

给东印度公司带来麻烦的科布并非个例。不久之后，一群商人获得了国王颁发的特许状，得以在东方进行平等贸易。在一段短暂的时期内，有数个商业团体试图分割东印度公司的市场，以富有的投资人威廉·葛廷爵士命名的葛廷联合会就是其中之一。葛廷联合会的支持者曾进行过一次灾难性的尝试——他们试图对马达加斯加岛进行殖民，以便将该岛作为他们在印度洋的立足点。许多移民被"马达加斯加是世界上最肥沃、最富饶的岛屿"这类描述所诱惑，盲目参与了此次行动。然而，这个计划因为构思不周、执行不力，最终导致数百名移民丧命。当时，这个计划遭到广泛的嘲笑，尤其是东印度公司，他们看到了该计划对他们垄断印度洋贸易所构成的威胁。但假如这个计划真的成功了，很可能会使得印度洋海盗被马达加斯加拒之门外。然而，实际上，在那个世纪的后期，马达加斯加成了印度洋海盗的一个主要的安全避风港。

印度洋收费站——马达加斯加

到了 1671 年，东印度公司的船只也受到了海盗的威胁。常驻苏拉特的公司总裁为私掠船队提供了丰厚的赏金以追捕海盗，并承诺他们可以获得被俘虏的海盗船上三分之一的赃物。然而，这一举动（类似于英国议会在 1642 年采取的一系列行动）对打击海盗的作用并不大，海盗威胁反而随着贸易规模的增长不断增大。到了 17 世纪 70 年代，从红海到印度次大陆西南海岸，整个印度洋沿岸都成了海盗肆虐的地带。除了西海岸的马拉巴尔海盗外，来自古吉拉特邦北部的桑加尼亚海盗也在增加。桑加尼亚海盗邪恶且残忍，他们会在战斗前服用使人亢奋的药物，披头散发以示对俘虏毫不宽容，并会向敌人展示恐怖的场面，以让受害者们闻风丧胆。

1673 年从海上看苏拉特的景象，这是东印度公司在印度次大陆的第一个永久性贸易据点。

在西边，阿曼的阿拉伯海盗在 17 世纪中叶也成为一股不可忽视的力量。他们于 1650 年占领了该地区最后一个重要的葡萄牙基地穆斯喀特，给了已经衰落的葡萄牙势力致命的一击。在 17 世纪的最后 25 年，一伙在西印度群岛"登记在册"的英国冒险家们给印度海域引入了描述暴力和犯罪的新方式。（用记账员的术语来说，海盗也讽刺地成了贸易网的一部分：掠夺者们认为自己从事的是"登记在册"的行动，而劫获战利品则被称为"采购"。）

英国的私掠者和海盗被西班牙帝国的巨大财富所吸引，于是一窝蜂地前往西印度群岛淘金。西班牙是英国的宿敌，因此，为了轻松获取财富而进行的掠夺性袭击，他们把这种行为与一种爱国主义使命感相结合，以缓解内心的罪恶感。在英国政府的公开或暗中鼓励下，英国海盗的劫掠被描述成"侍奉国王"的行动。尽管殖民者海盗和暴徒海盗（filibusters）是为了自己的利益而进行掠夺，但客观上他们也成为早期英国和法国在西印度群岛对抗实力强大的西班牙时很管用的准官方雇佣兵部队。

随着西班牙势力在新大陆的衰落，所能掠夺的战利品数量逐渐减少，这些不受拘束、无法无天的团伙便成了需要被铲除的麻烦。他们中的一部分人定居在西印度群岛的种植园或贸易社区，而其他人则被吸纳到各个欧洲大国的海军中。但对于那些无法驯服或富于冒险精神的人来说，这些活动过于平淡无奇，而印度洋的吸引力是他们难以抗拒的。于是他们向东航行，加入了热火朝天的海盗团伙。正如英国海外殖民地——纽约的总督贝洛蒙特勋爵[1]在 1699 年写给海军部的信中所说："红海和马达加斯加的巨大财富对水手们来说如此诱人，几乎没有什么能阻止他们成为海盗。"此外，还有一个吸引力在于，好望角以东的海洋上没有任何强大的海军力量能限制他们。

来自北美和西印度群岛的许多海盗都是私掠者，他们持有当地总督颁发的授权书。尽管他们真正的目的人尽皆知，但这些活动能为当地带来巨大的经济利益，因此人们选择视而不见。大多数私掠者通过好望角来到印度洋，也有一些人

---

[1] 理查德·库特（1636—1700），1695 年出任纽约、马萨诸塞、新罕布什尔三州总督。他正是著名海盗"基德船长"威廉·基德的主要赞助人。

通过西班牙在东南亚的殖民地从太平洋方向进入。还有许多冒险家来自非洲西海岸。在那里，商船上频繁爆发的船员哗变使得海盗队伍不断壮大，他们渴望亲自证实在好望角以东海域抢劫能轻而易举发财的传闻。绕过好望角后，他们在马达加斯加岛上找到了一个便利的出发点，它就位于非洲东海岸，且离大陆有一定距离，是拦截去往印度的贸易船和北上红海巡航的理想基地。

从 1690—1720 年的大约 30 年间，马达加斯加成为海盗们"参与"印度洋繁华贸易的主要基地。在 17 世纪末被驱逐出加勒比海之后，这个从未被殖民，且除沿海地区以外几乎没有被探索过的岛屿就成为海盗们的理想藏身之处。他们中的大多数人聚集在马达加斯加东北海岸的圣玛丽岛。该岛拥有优良且易于防御的港口，很快就成为从印度洋掠夺归来的海盗船只的集结地。在 17 世纪末，曾有一位访客数过，那里停泊着 17 艘海盗船，总人数约为 1500 人。在那段时期，该岛接待了许多世界上臭名昭著的海盗，包括威廉·基德、托马斯·怀特、爱德华·英格兰和托马斯·图等人。

这些男人在这个狂野的热带岛屿上的生活引发了人们关于海盗王国的奇幻猜想。人们猜测他们在这些王国里享受着安逸的生活，拥有数额巨大的非法财富，在欧洲法律的管辖范围之外自在逍遥。然而，实际上这些财富中的大部分如丝绸、香料和珠宝等，都通过贸易商直接输送回了欧洲和美洲。这些贸易商反过来又很乐于剥削海盗，他们蜂拥而至海盗的藏身之处（往往以更容易被海盗们接受的收购奴隶的名义到此），用高得离谱的价格把基本生活必需品卖给他们。

从马达加斯加出发，海盗舰队在整片东方海域肆虐。他们在红海口逗留，等待那些往返于古吉拉特和麦加之间的朝圣船，或者向东航行至更远的孟加拉湾甚至苏门答腊去寻找猎物。他们返回马达加斯加后，可以进坞停靠、维修船只，并与涌进圣玛丽岛进行贸易的商人交换赃物。尽管任何时候同时驻扎在马达加斯加的海盗数量都不会超过几百人，但它的异国情调和其他欧洲移民的缺席，使其在大众想象中成为一个"海盗岛"。很快，"海盗首领住在景色壮丽的热带海岛，并统治着当地部落"的故事开始传回欧洲，故事里的海盗首领们拥有超出人们想象的新奇生活方式和富裕程度。但这样的故事几乎都是幻想。17 世纪 90 年代，"国王"亚伯拉罕·塞缪尔①（Abraham Samuel）在岛屿东南部的道芬港的势力范围实际上只局限在一小块地区。在更北部，出生于牙买加的詹姆斯·普兰坦，在18世纪20年代自封为兰特湾②国王，他虚夸自己有着更大的权力野心，还让他的几位马达加斯加妻子穿着英国服装，戴着珠宝，并给她们取名为莫尔、凯特、苏和佩格。然而，像许多马达加斯加海盗一样，普兰坦后来的人生默默无闻，甚至很可能是穷困潦倒的。他似乎搬到了印度西海岸，成了为马拉地领袖安格里亚服务的一员。而安格里亚的生活十分奢靡，以至于普兰坦发现自己"不知道该如何行事，因为在马达加斯加时过惯了野人般的生活"。

流油的膏腴之地

毫无疑问，在东方海域掠夺商船可以获得丰厚的收益。但要追逐这样的财富，海盗还得先打劫更不起眼的货物——食物、药品、木工工具、绳索和索具、武器和火药等不可或缺的物品。与合法商人不同，海盗不能轻易地进港补给和修理船只。在热带水域中，恶劣的自然环境和船蛆的侵害很快就会让船只无法航行，因此被劫商船的船只本身往往是海盗最需要的。印度与红海的贸易是以金银进行支付的，这些硬通货也是海盗所争夺的财宝之一。其他种类商品的处置通常更为复杂，因此最理想的目标就是外航途中的东印度公司的大货船。此时船上有大量用于购买货物的金银。除了金银，外航船上还装载了食物和饮品，以及"大量运给英国各个殖民定居点的统治者和工厂的物品"。返航时被劫的船只常常装满了数量庞大的丝绸和香料等货物，但这些货物很难存放在小型海盗船上，而且通常很难销赃。如果有机会出售这些赃物时，一般都会打折卖给那些清楚地知道自己在买赃物的商人（如涌向马达加斯加的商船主）。这在一定程度上解释了为什么许多海盗如此挥霍无度。旅行家约翰·奥文顿在1689年描述一个海盗团伙时表示，他们用双层丝绸替换了破旧的帆布，并且"在分发

---

① 活跃于印度洋的混血海盗，曾在马达加斯加短暂建立了一个小型海盗王国。1705年死于海难。
② 即安通吉尔湾，马达加斯加最大的海湾，位于主岛东北部。

财物和痛饮昂贵的美酒上非常慷慨，好像他们对占有赃物毫无兴趣，也完全不想考虑与之相关的任何负面影响"。克莱门特·唐宁于1722年随反海盗舰队的托马斯·马修斯访问了马达加斯加，并生动地描绘了一幅奢侈浪费的场景，这一场景概括了海盗生活的空虚：

> 这艘摩尔人的船上除了有价值高昂的钻石、红宝石和翡翠外，还有珍贵的药材和大量的基列香膏①（balm of Gilead）——但它们被这些海盗浪费掉了，任由它们在圣玛丽岛上遭受风吹雨打。在那里，我们发现了几艘船的废骸，船上的货物堆积如山，包括最珍贵的香料和药材。海盗们完全不在乎这些货物，但金银、昂贵的丝绸、钻石和其他珠宝却照单全收，而食物和饮品则根据他们的喜好进行处理……

然而，即使刨除了这些无用的奢侈品，只是金银货币的回报有时也已足够丰厚。亚当·鲍德里奇②与马达加斯加附近的圣玛丽岛上的海盗做过交易，他在1691年报告说，海盗乔治·雷诺掠夺了红海上的一艘印度船后返回港口，这次收获颇丰，他的船员每人分到了1100英镑，比一个老实的水手一生能赚到的钱还要多。虽然如此巨大的收获并不多见，但出现的概率已经足以吸引越来越多的海盗冒险追求这样的不义之财。特别是托马斯·图，他的事迹让冒险家们相信，印度洋上有着取之不尽的财富。

图最初是在百慕大群岛③总督的私掠委任下出发的，目的是骚扰非洲西海岸戈雷岛④上的法国贸易站。随着目的地越来越近，可以预见的微小回报和巨大风险使这次行动变得越来越没有吸引力，于是，图说服他的船员成为海盗，并前往红海，为他们追求财富的目标提供了一个"金链或木腿"（即高收益与高风险并

---

① 一种罕见的药用香料，在《希伯来圣经》中提到过，以其出产地——古代约旦河东岸的基列地区命名。

② 英国海盗，也是马达加斯加海盗定居点的早期创始人之一。

③ 百慕大群岛于17世纪时沦为英国殖民地。

④ 今塞内加尔达喀尔港外约2千米远的一个岛屿。

存）的机会。在1693年夏季，他们劫持了莫卧儿帝国皇帝的一艘往来于吉达港[1]和苏拉特之间的商船。他们对俘虏进行了6天的严刑拷打，最终问出了财宝的藏匿之处，收获颇丰，每人分到了1200英镑。一次没有人受伤的远征，却净赚了一大笔财富，这让图在1694年回到罗德岛[2]的纽波特港时受到了英雄般的欢迎，他的航行也勾起了其他人的贪欲。

除了酗酒和纵情声色之外，海盗的藏身地几乎没有什么可供大肆消费的场所。他们抢来的大部分货物，要么由往返于马达加斯加的商人运回，要么由自己从东方返航时带回，然后被运去美洲沿海的主要港口出售。只要贿赂给得足

---

① 今沙特阿拉伯麦加省的一个港口城市，地处红海东岸，位于麦加以西64千米。

② 据说托马斯·图出生于罗德岛，也有传闻指出他出生于英格兰的北安普敦郡，在孩提时代才举家移民至英国的北美殖民地。

够多，这些财富的来源就没有人会过问。1696 年，也就是托马斯·图回到北美两年后，时任纽约总督的本杰明·弗莱彻写道："现在罗德岛是海盗的自由港。托马斯·图……在 1694 年从红海带回了 10 万英镑的财富。"但是，图本人并未享受他的财富太久。尽管弗莱彻称图为海盗，但他具有道德瑕疵的行为并未给弗莱彻带来困扰，也没有阻止他再次委图以重任——不过这次是对付加拿大的法国人。在 1694 年底，托马斯·图再次起航前往印度洋，加入了臭名昭著的亨利·埃弗里海盗集团，并于 1695 年 9 月在登上一艘印度商船时被杀。约翰逊船长在他的《海盗通史》①（General History of the Pirates）中，带着一种冷酷的快感展示了海盗行为的高回报与高风险：

> 在战斗中，一颗炮弹打掉了图的一部分肚皮。他用手托着自己的肠子，但只坚持了很短的时间。他的倒下给他的船员带来了巨大的恐慌，以致他们毫无抵抗地成了俘虏。

起初，欧洲海盗默契地只攻击当地的船只，而且时不时伪善地宣称自己是爱国者。1695 年，亨利·埃弗里在马达加斯加附近的约翰纳岛②留下了一条消息，声称"在我担任指挥官期间，从未打劫过任何英国人或荷兰人，而且也不打算这样做"。然后，他用一种半哄骗半威胁的意味签了名——"迄今仍是英国人朋友的埃弗里"。然而，随着时间的推移，活跃在印度洋上的海盗越来越多，对欧洲其他国家的船只甚至是自己的同胞发起的攻击越来越多。1689 年，圣乔治堡即马德拉斯③当局报告称，海上贸易"不断受到海盗侵扰"，尽管实行了严厉的惩治措施，但在接下来的几年里，情况几乎没有改善。东印度公司于 1683 年获得

---

① 全名为《海盗通史：最臭名昭著的海盗的劫掠和杀戮》（A General History of the Robberies and Murders of the Most Notorious Pirates），作者查尔斯·约翰逊船长的身世至今仍是个未解之谜，有人认为这是《鲁滨孙漂流记》（The adventures of Robinson Crusoe）的作者笛福的一个笔名，但未被证实。

② 或称昂儒昂岛，位于马达加斯加与非洲大陆之间的莫桑比克海峡。

③ 圣乔治堡是英国在印度建立的第一座堡垒，位于印度东南部面向孟加拉湾的海滨城市马德拉斯，即今清奈。

了可以审判海盗的海事法院的审判权，可以合法地将海盗绞死于桅杆上，对停泊着的所有船只上的海盗进行鞭打，用烧红的烙铁在海盗脸上印出字母"P"。但这些酷刑常常被武断地随意滥用。1690 年，圣乔治堡的法院记录了一伙被审判的海盗的命运，他们被认定"犯了同等的罪，但考虑到他们所犯的罪行较小，而且法律倾向于怜悯，因此法院决定判处其中两人死刑，以作为威慑。这两人以掷骰子的方式随机选出。其他人则被判处烙刑，即将罪犯绑在柱子上，前额烙上字母'P'"。对这些与暴力和恐吓为伴的人来说，施于绞刑架或烙刑柱的残酷毫不过分。不过，那些大胆地夺取巨大财富，并成功逃脱绞刑严惩的恶棍身上仍然散发着一种"浪漫的魅力"。

海盗之王：创造传奇

在所有游弋在印度海域的欧洲海盗中，亨利·埃弗里脱颖而出成为 18 世纪初最著名的传奇人物，他是海盗的黄金时代中最为臭名昭著的海盗。在外形上，埃弗里与人们对海盗的普遍想象几乎完全不同，他"中等身材，有点发胖，面色红润……他的经历和性格都写在了他的脸上"。埃弗里可能是在 1653 年左右出生于普利茅斯，1690 年时在英国海军服役。为了西班牙在西印度群岛的贸易免受海盗和法国走私者的侵扰，西班牙国王在 1694 年资助发起了一次私掠远征，这成为埃弗里海盗生涯的起点。在奔赴目的地的途中，埃弗里在拉科鲁尼亚煽动了一次哗变，夺取了"查尔斯二世"号。他告诉原来的指挥官："现在我是这艘船的船长。我将前往马达加斯加，去追求我以及与我同行的勇敢者们的财富。"

埃弗里将船重新命名为"幻想"号后，扬帆驶向马达加斯加。他最早的一次公开的海盗行动发生在非洲西海岸一侧的佛得角群岛，目标是 3 艘英国船。几周后，他又在几内亚海岸劫持了两艘丹麦船。1695 年初，他抵达马达加斯加，并在那里建立了由英国、丹麦、法国和西班牙水手组成的拥有 6 艘船的舰队。

亨利·埃弗里，背景是夺取"刚之威号"的战斗。

　　1695年9月，他们发现了两艘来自摩卡①的船，它们正载着朝圣者和丰富的财宝返回苏拉特。其中一艘较小的名为"法泰·穆罕默德"号的船被毫不费力地劫获，带来了价值大约4万英镑的黄金和白银。而更大的战利品——"刚之

---

① 也门红海岸边的一个港口城市。在15—17世纪，这里曾是世界上最大的咖啡贸易中心，埃塞俄比亚及也门内陆的咖啡豆都会运到这里来交易。许多现代咖啡名称中都带有"摩卡"，但摩卡当地并不盛产咖啡。

瓦哈比湾的海盗对波斯贸易的持续攻击，招致英国在 1809 年至 1810 年对他们的基地
进行了远征。该场景展现了 1809 年 11 月 13 日，英国对海盗总部哈伊马角的洗劫。

威"号还在前方。海盗们紧追不舍，于9月28日追上了它，此时距离苏拉特只有30英里。尽管船上装备了多达40门火炮，并携带了大约800名士兵，但据称在经过一番象征性的抵抗后，"刚之威"号很快就投降了。有一份记录称，船长让船上的女性穿上男装，并劝说她们英勇战斗，然后自己偷偷溜到船舱下面与他的军官们一起躲藏了起来。据悉，"刚之威"号属于莫卧儿帝国，是苏拉特最大的贸易船，每年都会运送朝圣者和商品到麦加。当海盗们意识到这一战利品的价值时，贪婪和欲望淹没了他们。乘客们被虐待以拷问出他们财物的下落，许多妇女遭到强奸，一些妇女则投入大海以躲避侮辱。据说，埃弗里和他的船员还诱拐并强迫船上的妇女为妻，并将她们带到了马达加斯加。埃弗里后来否认了这些指控，但1696年约翰·斯帕克斯[①]在被处刑前提供了更加令人信服的供词，他特别提到了对"刚之威"号的劫掠行为：

> ……他对自己邪恶的生活有了适当的认识，特别是他所犯下的可怕的野蛮罪行。尽管这些行为的对象是异教徒和不信仰者（如前面提到的可怜的印度人），但他们被残忍地抢劫和毫无人性地对待；他宣称现在对自己的罪行有了清醒的认识，并且自知因这种野蛮行径而受到死刑是他应得的。

关于从"刚之威"号上抢夺的财物的价值，人们有不同的估计，但可能高达32.5万英镑。这样算下来，每个人将分到近2000英镑。

莫卧儿帝国皇帝奥朗则布一世对他的船只被抢劫一事感到无比愤怒，他想废除所有现有的贸易协议，并立即出兵攻打孟买和马德拉斯的英国定居点，但他的顾问们则极力劝阻。最终，更明智的建议占了上风。在被监禁了一段时间后，苏拉特的英国商人被释放。然而，亨利·埃弗里的持续袭击以及由此导致的贸易中断，使得印度政府要求英国进一步采取行动。英国政府发布了逮捕亨利·埃弗里

---

① 亨利·埃弗里海盗团伙中的一员，最后在伦敦沃平区泰晤士河畔的海盗行刑码头上被处刑。

的公告，并于 1696 年 8 月悬赏 500 英镑捉拿他（东印度公司还额外提供了 4000 卢比的悬赏金）。面对政府越来越多的关注，亨利·埃弗里明智地决定退出海盗之列。他解散了自己的船队，带着"幻想"号前往加勒比海地区。他的一些船员被捕，并在此后被绞死。而传说则称亨利·埃弗里带着大量的钻石返回了英国。他最后的归宿不详。据说他被人骗走了财富，而迷信的公众则仍幻想他过着纸醉金迷的生活。据说，亨利·埃弗里在德文郡比德福德的一座简陋小屋中隐姓埋名地度过了晚年，而最后，他的资产"连一口棺材都买不起"。

在英格兰，有人提议派遣一支舰队去消灭海盗，但出于成本考虑，该提议被否决。然而，一个私人财团说服了威廉·基德船长指挥船只前往印度洋追捕亨利·埃弗里和其他臭名昭著的海盗。基德是一位纽约商人，同时也是一名在

埃弗里船长在 1695 年 9 月从印度船"刚之威号"将财宝搬到"幻想号"。

加勒比海对抗法国有功的私掠船船长和海盗捕手。他于 1696 年 9 月驾驶"冒险"号战舰从英国起航前往印度洋。这个财团的赞助者获得了国王颁发的私掠委任状以及王室的支持，他们与基德一样，都十分期待从俘虏的海盗身上缴获赃物，从而获取高额利润。

然而，从起航的那一刻起，厄运就与基德形影不离，甚至在他们马上就要离开纽约的时候，一半的船员被政府的征兵队抓走。基德被迫只能从混迹于码头的底层水手中招募人手，带着这些"生计无着，见钱眼开之人"出发。这些人十分贪婪，渴望去掠夺财富，为了发财不择手段、毫无顾忌。此后有三分之一的船员死于霍乱，且新船船体质量不佳，容易漏水。而当基德绕过好望角时，马达加斯加的海盗仍然在印度洋上横行。面对几乎可以说是由海盗组成的船员，基德的行为随着行程的推进变得愈发咄咄逼人和不稳定。基德究竟是何时放弃了海盗猎人的身份，我们不得而知，但有一段时间，他似乎在努力遏制越来越反叛的船员对非法掠夺的渴望。这种情形在 1697 年 10 月达到了顶点，当时基德击打并杀死了一个叫威廉·摩尔的水手，而后者正在煽动船员对一艘荷兰商船进行袭击。

基德试图阻止他的船员变成彻底的海盗，但这是一场注定失败的抗争。他作为英国政府的合法代理人所保有的最后一丁点儿声誉，在 1698 年 1 月底抢夺了"奎达商人"号后也被彻底摧毁了。"奎达商人"号是一艘苏拉特的亚美尼亚商人租借来的印度船，船上载有价值超过 70 万英镑的丰富货物，包括金银、昂贵的丝绸和其他商品。当基德得知该船的船长是一名英国人时，便试图说服他的船员归还船只。然而，他们认为"奎达商人"号持有法国政府的通行证，而基德被授权可以袭击法国船只，因此俘获这些"战利品"是合法的。而"奎达商人"号上的部分货物归属于印度贵族马克利思·汗。印度政府的反应与埃弗里夺取"刚之威"号后的反应类似：一旦人们得知这些海盗是英国人，苏拉特的印度总督就会在东印度公司的办公楼里布置守卫，并将他们的所有贸易活动暂停一段时间。

基德将他的战利品带到了海盗基地圣玛丽岛。在这里，基德试图说服他的

威廉·基德船长在"冒险号"船上抽烟、喝酒。这是霍华德·派尔的《海盗书》中的插图。

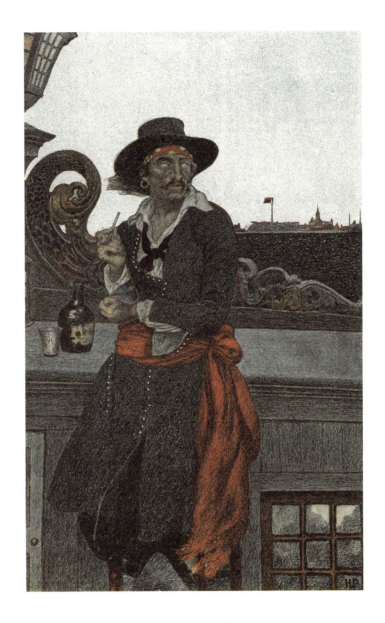

船员按照他们最初接受的委托——作为海盗猎人展开行动，夺回被海盗罗伯特·卡利福德控制在圣玛丽岛的东印度公司的快速帆船"摩卡"号，但这一提议遭到了船员的嘲笑。他的大部分船员背叛了他，投奔了卡利福德。在经过数月时间等待季风后，基德带着剩下的船员和"奎达商人"号前往加勒比海地区。

基德返回了北美洲，没有抓到任何海盗，但他似乎仍然相信他的行动可以得到合理解释。然而，当他到达时，他被他的前赞助人、纽约总督贝洛蒙特勋爵逮捕，并被送回英国。1700 年初，基德在皇家海军"艾德维斯"号上接受了审判。

尽管有大量证据表明，基德在印度洋以海盗猎人的名义公然实施了海盗行为，但他本人似乎是一个不情愿的参与者，他是在船员随时可能叛乱的压力之下被迫走上了犯罪道路。无论结果如何，他的情况说明了海盗劫掠与合法的私掠缴获之间界限模糊，并且充斥着不言而喻的妥协。同样显而易见的是，他成为雇用他的权贵们的替罪羊——这些人组织反海盗行动是为了自己的商业利益，并且选择了一个无法胜任该任务的指挥官，而更全面、更广泛的调查将暴露他们的贪婪以及无能。被赞助人抛弃后，基德因谋杀船员威廉·摩尔，以及其他五项海盗罪名而被判处绞刑。他和船员达尔比·穆林斯，于 1701 年 5 月 23 日在伦敦沃平区泰晤士河畔的海盗行刑码头上被处刑。

不幸和羞辱一直伴随着基德，甚至将他的死亡也变成了一出丑陋的闹剧。在人们第一次尝试吊死他时，这位"头号海盗、全民公敌"竟然处于令人难以置信的醉

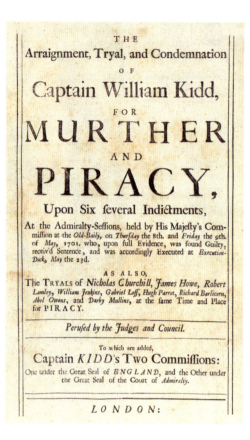

基德案引起了极大的关注，以至于他的审判全过程的详细报道很快就被出版。

酒状态，或许是上天怜悯，摇摇晃晃中绳子断了，他摔倒在下面的泥地上；第二次终于成功，基德就此伏法。根据海军法，他的尸体要被锁链拴在水边经历三次潮汐拍打。然而，他那狼藉的声名，使得法律即使在他死后也没有放过他。他的尸体被涂上柏油，用金属链束缚住，然后被悬挂在泰晤士河河口的蒂尔伯里角[①]的铁笼中，以警示航海者从事海盗行为的下场。然后，他就这样被留在了那里，被交给了时间和自然，直到逐渐被遗忘。

1697年11月，莫卧儿帝国对欧洲海盗不断损害商船的行为感到越来越恼火，就命令所有的贸易公司采取行动打击海盗。海盗的嚣张行径以及英国人在其中占主导地位的事实，迫使东印度公司承认他们有义务去追捕海盗。1698年，苏拉特地方议会下令派舰队护送本土贸易船只，并试图争取法国和荷兰加入沿海巡逻计划。荷兰被分派负责苏拉特和红海之间的航道保护，法国负责波斯湾，而英国则负责控制从孟买到孟加拉的海岸线。然而，并非所有的参与国家都同样热衷于此。当基德在1698年设法甩掉一些荷兰和英国船只的追捕时，这位英国船长将他的逃脱归咎于荷兰人。英国海盗使从事合法贸易的英国商人尴尬不已，而基德则暗示荷兰人从中获利丰厚：

> ……尽管如此，荷兰人似乎对海盗给我们带来的丑闻感到非常高兴，并且在所有场合都将责任推给我们，企图让它最终成为摧毁我们贸易的手段。

在远东海域，荷兰人还会将海盗作为争夺商业霸权的武器。然而，莫卧儿帝国政府不时地提醒贸易商们要承担起自己的责任，否则要么就会被监禁或罚款，要么就会像他们在1700年10月做的那样，迫使贸易商们签署保证书，承诺赔偿印度商船遭遇欧洲海盗时产生的损失。不过随着18世纪英国在印度逐渐占据上风，他们最终全面承担起了整个印度洋地区打击海盗的责任。

---

① 泰晤士河河口的蒂尔伯里港附近的一个突出位置，可以俯瞰泰晤士河口和英吉利海峡，具有重要的战略意义。在历史上，蒂尔伯里角曾被作为军事防御设施和港口。

一幅 19 世纪的木刻版画展示了基德的尸体被悬挂在铁笼中，作为对任何考虑从事海盗活动的水手的警示。他的尸体被涂上焦油，以尽可能长时间地保存。

在基德于 1696 年前往印度洋的同时，一支由托马斯·沃伦上将指挥的海军中队也出发了，队伍中有 4 艘舰船，他们的目标是摧毁海盗的巢穴，并一直追击到好望角附近。两年后，沃伦上将再次指挥舰队出海，这次的目的地是马达加斯加。尽管实际上取得的成果不多（沃伦本人也在任务期间去世），但这表明英国政府不再对海盗视而不见。由于贸易受到的干扰越来越多，印度政府希望英国能遏制这一威胁。1698 年，一则皇家公告宣布对好望角以东地区的所有海盗实行大赦（除了埃弗里和基德），以引导一些海盗放弃他们过去的谋生方式。1700 年出台的一项新议会法案，加上一大批被宣判绞刑的案件（在 1700 年 6 月，有 20 人被判刑，并被一起绞死），传递出了一个越来越鲜明的信号：海盗这种冒险游戏不再划算了。

在 18 世纪的前几十年，英国的海上力量增强，这在一定程度上减少了马达加斯加海盗的数量。1711 年，英国私掠船船长伍兹·罗杰斯在好望角从两名前海盗口中得知，马达加斯加只剩下六七十名海盗，而且他们并非在热带天堂中如国王般雄踞一方，而是生活在肮脏和困苦之中。"他们中的大多数人非常贫穷和卑微，甚至与当地土著相比也是如此。"1719 年，东印度公司的"圣乔治"号访问了圣玛丽岛，在那里发现了海盗约翰·霍尔西手下士气低落的余部——17 名因单调的流亡生活而疲惫不堪的人。"他们已经对这种生活感到厌倦，只想再干一票，然后就可以回家了。"而十分讽刺的是，英国政府在前一年曾对海盗发布了一项大赦令。

在接下来的一个世纪以及以后，零星的海盗行为仍时有发生，但频率逐渐下降，不再像之前那样会对该地区的贸易和商业造成毁灭性的影响。

与马拉塔人的战争

在印度洋地区，一个威胁贸易的海上势力刚被控制住，另一个势力就会崛起取而代之。海盗肆虐的同时，马拉塔联盟的实力也在不断增长。从 17 世纪中叶开始，他们逐渐开始挑战腐朽的莫卧儿帝国的权威，也开始危及东印度公司在印度西海岸的贸易主导地位。马拉塔人在希瓦吉·马哈拉吉 [1] 的领导下开始崭露头角，在印度南部德干地区建立了一个王国。在与莫卧儿帝国的进一步战争中，这些领土得到巩固和扩大，马拉塔人得以控制印度次大陆的大部分地区，其领土从南部的泰米尔纳德邦延伸至北部的白沙瓦。这些广阔的领土由马拉塔邦的半自治联盟统治，由此不可避免地与英国在印度的势力发生冲突。第一次英马战争（1775—1782）确认了马拉塔人作为亚洲次大陆最重要的势力，这一地位延续了数十年，直到 1805 年。1805—1818 年间，马拉塔人在与东印度公司军队的几次战争中均遭受失败。

然而，与深居内陆的莫卧儿帝国不同，马拉塔海军在多位英明的指挥官——如坎霍吉·安格雷将军——的领导下，在西印度沿海地区采取了强势的海上政策。长期以来，在这些水域进行贸易的船只都需要购买通行证，而这一制度被马拉塔人继承下来。他们派出强大的海军在海上巡航，并检查港口和航线，以维护他们的权威。若未购买通行证，将导致船只和船员被扣押，并需要支付赎金。

马拉塔人的舰队确实有很多劫掠行为，但也有相当一部分活动是为了保护和开发他们的领地，因此将马拉塔人的航海活动完全归类为"海盗"则是敌对势力的诋毁和借口。有了这种理由，马拉塔人的敌人就可以名正言顺地实施侵略，从而削弱他们的势力。但东印度公司的行动清楚地表明，他们认为马拉塔人是合法的统治者，并且他们确实与马拉塔人就印度西部沿海的航运控制权进行了谈判。

---

[1] 17 世纪在印度次大陆德干地区独立的马拉塔王国（马拉塔联盟）的缔造者，反抗莫卧儿王朝外族统治的印度教民族英雄，有"印度海军之父"的美誉。

1688 年，坎霍吉·安格雷被派遣去指挥苏万纳德格（孟买和果阿之间的一个小岛）的沿岸要塞，并在 1690 年成为马拉塔舰队的副指挥官。在 1698 年，他升任苏尔凯勒，即"大将军"或"总督"，掌管孟买以南、康坎海岸北部的区域。他从设置具备防御工事的基地开始，渐渐增强马拉塔人在印度西部沿海的权威。安格雷建立了一支由迅捷的东方沿岸帆船①（Ghurab）组成的海军，并在孟买以南的岩石海岸线上修建了一系列设有重型防御工事的城堡，这些城堡位于英国在孟买的基地附近，距离孟买极近且具有威胁性。

东印度公司的船只被扣押，对抗愈演愈烈。1712 年，马拉塔人在"卡奇安娜"号上绑架了前往孟买的公司雇员罗伯特·钱的妻子，使对抗达到了顶点。这一危机在 1713 年双方签署了一项条约后暂时得到缓解。根据条约，马拉塔人承诺不再骚扰公司的船只。然而，在定义何为英国船只，以及是否包括运载英国货物的任何国家的船只这一议题上，双方产生了分歧，而公司坚持认为该协议包括所有这样的船只。于是不久，安格雷再次宣称有权扣押任何未缴纳规定征收款的船只。

1715 年，随着精力旺盛的查尔斯·布恩出任孟买总督，英国方面对安格雷的"海盗行为"采取了更为激进的应对政策。孟买的城市防御设施得到加强，并启动了一项密集的造船计划，准备对马拉塔人的据点展开全面攻击。在短短一年内，他们已建造了一支小型舰队，包括"胜利"号（配备 24 门炮和 180 名船员）、"盛名"号（配备 16 门炮和 120 名船员）和"不列颠尼亚"号（配备 18 门炮和 140 名船员）。然而，布恩在选择和指挥下属时运气不佳。1716 年，"盛名"号和"不列颠尼亚"号对孟买港入口处的凯纳雷岛上的马拉塔人据点发动攻击，结果以惨败而告终。

1717 年，安格雷扣押了一艘悬挂英国旗帜的商船"成功"号，使得双方关系进一步恶化。这引起了总督布恩的报复，而安格雷则发表了著名的威胁言论："从今天开始，上帝给予（英国人）什么，我就会拿走什么。"布恩也做出

---

① 一种方桅快速帆船。

回应，派遣了大约 20 艘船和 4000 名士兵组成的部队，对安格雷在格里亚①的大本营发动了毁灭性的袭击。1718 年，对凯纳雷的第二次攻击持续了 5 天，然后被叫停。

英国政府与马拉塔人达成了短暂的和平协议，公司收到了 2.2 万卢比作为被夺走的货物和船只的赔偿金。但为了彻底打破马拉塔人对印度西海岸的控制，进一步扩大战争的准备工作已经开始。1720 年初，一支由英葡两国组成的联合部队进攻了格里亚，烧毁了安格雷的 16 艘船。安格雷为了报复，扣押了英国船只"夏洛特"号。次年，英国人又对格里亚发动了一次滑稽而无效的攻击。

为了攻打格里亚这座看似坚不可摧的堡垒，布恩委托工匠建造了一艘名为"弗兰姆"号的战舰，船上装有防弹侧板和 48 磅炮②。布恩将其形容为"高大威猛的浮动机器"。历史学家克莱门特·唐宁这样描述这艘战舰：

> ……一座浮动的城堡，或者可以说这是几乎能抵御任何炮弹的机器。这艘船相当扁平……船舱只有 6 英尺的深度，厚重的船舷采用了最坚固的防炮弹材料建成。

装备如此厚重的装甲是为了让它能够靠近堡垒，从而进行毁灭性的炮击。然而"弗兰姆"号在行动开始时却迟到了。战斗在经验不足的公司雇员沃尔特·布朗的指挥下匆匆打响。士兵们为了壮胆还饮用了大量酒水，更加剧了战场的混乱。至此，这次考虑不周的攻击行动已经变成了一场灾难，而姗姗来迟的"弗兰姆"号并没有改变局势——它的炮口设计出现错误，无法抬高到合适的角度对准堡垒的围墙进行射击。当英国部队惨败撤退时，"弗兰姆"号被无情地遗弃，并被纵火烧毁。

布恩总督试图征服马拉塔人的所有努力都以悲惨的失败而告终。他于 1722

---

① 格里亚是孟买和果阿之间一座设有坚固防御工事的岛屿，也被称为维杰德鲁格。

② 当时的火炮有 18 磅、24 磅等不同的级别，炮弹重量为 48 磅的火炮属于重型火炮，其口径约为 194 毫米。

1756 年 2 月攻占格里亚，多米尼克·塞雷斯的油画作品。

年离任，随之而来的是一段不稳定的僵持关系，偶有海盗行为和报复事件发生，直到安格雷于 1729 年去世。

在一段短暂的平静之后，安格雷的儿子们为了权力而相互争斗，与东印度公司的对抗重新开始。1735 年 12 月，在一场心不在焉的反抗后，装备有 32 门炮的东印度公司的"德比"号向桑巴吉·安格雷投降，并被带到了塞文德鲁格的坚固要塞中。船上不仅装载了用以供应孟买地区当年金融与商业需求的黄金，还有弹药和海军物资，这些货物为桑巴吉·安格雷的人马提供了重要的补给。此事使英方受到了极大的羞辱。而在整个 18 世纪 40 年代，在坎霍吉·安格雷的儿子兼继任者图拉吉·安格雷的领导下，这样的侵犯行为持续不断地发生着。

命运的转折点出现在隶属孟买海军的威廉·詹姆斯身上。詹姆斯曾是东印度公司于 1751 年建造的"守护者"号的船长，该船专门用于保护马拉巴尔的贸易。而在接下来的两年里，詹姆斯在和沿海海盗的战斗中取得了优异的战绩，使他晋升为孟买的舰队司令。1755 年，他决定与安格雷团伙正面对抗。他带领了一支由 4 艘船组成的小型舰队，将装备有 40 门炮的"保护者"号驶近塞文德鲁格要塞，使得要塞守卫的炮火无法对准它。随后他让该舰对要塞进行了两天的持续轰炸，最终导致弹药库爆炸，驻守部队投降。1756 年 2 月，英军以联合行动的方式夺取了格里亚剩余的要塞，联军中的陆军指挥官是罗伯特·克莱夫。克莱夫上台后，英国在亚洲的势力日益增长。到 18 世纪末，该地区的海盗威胁在很大程度上得到了控制。不过，詹姆斯依然是打破安格雷团伙对英国贸易控制的最为关键的人物，他也因此获得了丰厚的政府奖励，得以在英国肯特郡埃尔瑟姆附近的农场中安享晚年。在那附近的"射手山"上，詹姆斯的遗孀修建了一座名为"塞文德鲁格城堡"的纪念性"塔楼"。这座华而不实的装饰性建筑至今仍然屹立不倒，记录着"勇敢者的成就，以及在东方波涛中劫掠的安格雷势力被征服的事迹"。

由约书亚·雷诺兹爵士绘制的威廉·詹姆斯准将（1721—1783）。詹姆斯从 1751 年至 1759 年指挥孟买海军，并负责摧毁了塞文德鲁格和格里亚的马拉塔堡垒。

第四章

海盗的
黄金时代

1718 年 5 月，南卡罗来纳殖民地总督致信伦敦的贸易和殖民事务办公室，描述了"这个贫穷之省因海盗而遭受的无法言喻的灾难……我们不断受到恐吓，我们的船只被劫掠，我们的贸易遭到彻底的摧毁"。波士顿殖民地总督也发出了类似的警告："海盗持续地在这些海域游荡，如果不派出足够的力量将他们赶走，我们的贸易将被截断。"其他殖民地的总督以及在加勒比群岛和北美东海岸活动的商人和船东，也发出了类似的抱怨。据当时的资料估计，这一时期约有 2000 名海盗在这些水域活动。

这种海盗活动的高潮，在"殖民者海盗"时代之后，被称为"海盗的黄金时代"。对这些海盗的关注主要是因为约翰逊船长的《海盗通史》。这本书于 1724 年出版，正值"黄金时代"的尾声。约翰逊的书基于审判海盗的记录、殖民地的报纸报道，以及对曾遭遇海盗的水手的访谈。他的作品生动而耸人听闻地描述了海盗袭击、酷刑和绞刑，成了当时的畅销书，并且至今为小说家、剧作家和电影制片人提供着素材。

根据约翰逊船长的记录，海盗活动的爆发源于多个事件。首先是 1713 年的《乌得勒支和约》，它为英国、法国和西班牙之间带来了和平。停战之后，英国皇家海军的规模从 1703 年的 53785 人减少到 1713 年的 13430 人，成千上万的海员失业，导致其中一些人转而从事海盗活动。停战协议也终结了有利可图的私掠活动。牙买加总督就对可能出现的后果提出了警告：

> 自从我们召回了私掠船后，我发现在罗亚尔港和金斯敦这些城镇已经有相当数量的海员找不到工作。我非常担心，由于缺乏合适的职业，他们可能很快就会逃亡并转变为海盗。

停战协议的签订使得无数水手成为潜在的海盗，而另外两个事件则直接导致了海盗的诞生：其一是 1715 年西班牙珍宝船队在佛罗里达海岸失事，其二是西班牙将洋苏木伐木工人从坎佩切湾驱逐出境。一群海盗在巴哈马群岛聚集起来，并在之后将他们的活动范围扩展到加勒比海以外的北美东海岸，一直延伸到纽芬兰岛，甚至跨越大西洋到达了几内亚湾的非洲奴隶港口。

1715 年 7 月 24 日，西班牙珍宝船上满载金银币、珍珠、翡翠，以及来自中国和印度的丝绸、香料和珍贵瓷器，然后从哈瓦那启程。这 10 艘船所携带的货物总价值估计为 700 万枚银币（约合 1.35 亿英镑）。7 月 30 日，船队遭遇了一场暴风雨，有的船只被冲上岸，有的沉没。超过 1000 人在暴风雨中丧生，幸存者散布在佛罗里达海岸的一片荒凉地带。珍宝船队失事的消息迅速传遍加勒比地区。一些临时的劫掠者和有组织的远征队迅速出发去寻找这些残骸。

拿骚港风波

在那些前私掠船员和冒险家中，有许多人参与了"打捞沉船"的活动，他们的精彩传记后来被收录在约翰逊船长的《海盗通史》中。其中包括本·霍尼戈尔德、萨姆·贝拉米、约翰·拉克姆、查尔斯·范恩和爱德华·蒂奇——他更为人所熟知的名字是"黑胡子"。他们的基地是巴哈马的普罗维登斯岛上的拿骚港，因此那里迅速声名远播，成为一个野蛮而无法无天的地方。

与此同时，西班牙决定报复那些掠夺珍宝船货物的行为，于是派遣了一支部队来清除坎佩切湾和洪都拉斯湾沿岸丛林中的洋苏木采伐者，而这些人大部分都是英国人。洋苏木的木材可以产生一种宝贵的红色纺织染料，同时也有药用价值。这些伐木工都是吃苦耐劳的人，大部分曾是水手，无法继续在南美炎热的丛林中伐木之后，他们就转而从事海盗活动。其中许多人前往海盗庇护所拿骚港。

海盗大本营拿骚港的一位主要人物是本·霍尼戈尔德。他在此前的战争时期曾在牙买加的私掠船上服役，在《乌得勒支和约》签订之后，他成了海盗。起初是利

用开放式小船袭击小型商船，到 1713 年底，他已经
能将大量的奴隶、丝绸、朗姆酒、糖和白银带回拿骚
港。到了 1715 年，他开始在古巴海岸附近袭击更大的
船只；同年 12 月，他俘获了一艘大型西班牙快艇，并
将其命名为"本杰明"号。然后他与萨姆·贝拉米和
法国海盗奥利维尔·拉布斯联手，将 3 艘船组成了一
支装备精良的舰队。他们在尤卡坦海峡俘获了一艘英
国船，然后又俘获了两艘西班牙双桅帆船，最后返回
拿骚港。贝拉米随后驾驶俘获的拥有 26 门炮的商船
"苏丹娜"号向南航行，由保罗·威廉姆斯指挥拥有 8
门炮的"玛丽安"号陪同。在 1716 年，他们在加勒
比地区游弋，到年底已经劫掠了超过 50 艘船。

1717 年 4 月，贝拉米和威廉姆斯在向风海峡掠
获了从事海盗以来最为丰厚的战利品。这是一艘名
为"维达"号的奴隶船，它刚刚在牙买加的罗亚尔港
将船上的奴隶卸下，又装载了糖、靛蓝以及大量的黄
金和白银。缴获"维达"号之后，海盗们到访了巴哈
马的长岛，随后向北朝着弗吉尼亚的方向驶去。4 月
26 日，他们遭遇了一场大风暴，在科德角的海岸上搁
浅。包括贝拉米在内的 144 人在风暴中丧生，幸存下
来的 8 名海盗于 10 月在波士顿的一座海事法院接受
审判，其中 6 人被判海盗罪并被处以绞刑。

1984 年，海洋考古学家巴里·克利福德发现了
"维达"号沉船，随后在发掘中发现了数千枚西班牙
金银币、17 条金条、14 块金块、400 件非洲珠宝，
以及大炮、生活用品和船钟。这是记录最完整的海
盗的黄金时代中的财宝，强化了人们普遍认为海盗

《财宝被瓜分》：
美国插画家霍华德·
派尔描绘了海盗们分
配战利品的场景。

财宝包括黄金、翡翠和"八分银"的观点，但也向人们展示
了海盗同样热衷于掠夺船只给养和实用的航海物品。1718
年，在巴哈马进行的一次审判，记录了一件价值 900 英镑的
"货物、绳索、服装和家具"失窃案。1724 年，约翰·高俘
获了一艘从纽芬兰返回的船，并带走了"锚、缆绳、帆以及
其他他们认为有用的物品"。

海盗袭击次数的增加以及关于拿骚港海盗活动的惊人报告，促使英国政府在多个方面采取行动。海军部增加了将要派往牙买加、巴巴多斯、背风群岛和弗吉尼亚的战舰数量，并下达命令，"务必勠力合作打击海盗"。1717 年 9 月，政府发布了一项公告，宣布对那些在一定时间内自首的海盗予以特赦。另一项皇家公告规定了会对俘虏海盗的水手提供丰厚奖励，从俘虏单个水手奖励 20 英镑，到逮捕海盗指挥官奖励 100 英镑不等。乔治一世国王任命伍兹·罗杰斯船长为巴哈马的总督，命他恢复殖民地的秩序，并"将海盗从他们的藏身地驱逐出去"。

1708 年，罗杰斯率领一支私掠船队前往太平洋袭击西班牙和法国的船只。在经验丰富的领航员——航海家威廉·丹皮尔的帮助下，他俘获了大约 20 艘船，包括一艘拥有 60 门炮的西班牙巨型珍宝船，并于 1711 年携带价值 80 万英镑的金块、珍贵宝石和丝绸等货物返回伦敦。随后，伦敦和布里斯托尔的商人们推荐罗杰斯出任巴哈马总督，"因为他在各个方面都有资格承担这样的任务"。

1718 年 7 月 15 日，罗杰斯带领一支由 4 艘商船和 3 艘战舰组成的船队抵达拿骚。随后，他遭到了当地最具侵略性的海盗船长查尔斯·范恩的抵抗。范恩向首艘进入港口的战舰开了 3 炮，并在商船抛锚后发动了火船袭击。然而，当他意识到敌人来势汹汹时，就乘坐一艘单桅帆船逃离，还挑衅地在船上挂着黑色的海盗旗。罗杰斯在第二天登陆，夺取了堡垒的控制权，并宣布对所有投降的海盗予以特赦。本·霍尼戈尔德也是那些投降者中的一员，罗杰斯派遣他去追捕查尔斯·范恩。不过，霍尼戈尔德未能找到范恩，但几周后带回了 10 名拒绝接受皇家特赦的海盗。罗杰斯决定用他们来杀鸡儆猴。12 月 12 日，8 名海盗被绞死在堡垒旁边的绞刑架上。这次处决标志着拿骚作为海盗避风港的终结。

"黑胡子""棉布杰克"与"黑巴特"①

　　在"拿骚处决"之前的三周时间里，北卡罗来纳沿海的奥克拉科克河口的泥泞海滩上发生了另一个关键事件，那就是"黑胡子"的死亡。他作为海盗首领的时间不超过两年，但在那段时间里，他打出了名堂，成了最著名的海盗之一。他凶猛的外貌、疯狂的行为和暴力的死亡激发了许多戏剧、书籍和电影创作者的灵感。他的真名是爱德华·蒂奇，可能于1680年前后生于布里斯托尔。他曾在从牙买加出发

爱德华·蒂奇——更为人所熟知的名字是"黑胡子"——于1718年在皇家海军副官罗伯特·梅纳德的手中丧生。

---

① 即巴沙洛缪·罗伯茨，文中称呼源自其昵称"Black Bart"，因查尔斯·约翰逊船长将罗伯茨描述为"皮肤黝黑"。

的私掠船上担任水手，但后来做了海盗。他的旗舰"安妮女王的复仇"号是一艘拥有 40 门炮的法国商船。

"黑胡子"将自己打造成一个令他的船员畏惧而顺从的可怕形象，同时也用来吓唬他的受害者们，迫使他们立即投降。除了浓密的、用丝带扎起来的黑胡须，在战斗时，他还会在胸前绑上三对手枪，帽子上塞着浓烟滚滚的引信。他似乎并没有折磨过被俘虏的囚犯，但对待自己的船员可能会非常残忍。他在海上的表现并不像他的外表和行为那样令人印象深刻。1717 年，他成功击退了装备有 30 门炮的英国皇家海军的"斯卡伯勒"号，并迫使洪都拉斯湾的 4 艘船无条件投降。1718 年 5 月，他与另外 3 艘海盗船一起驶向南卡罗来纳的查尔斯顿。他封锁了港口，劫持了人质，并要求支付赎金和一箱药品。在城里的居民屈服之后，他洗劫了附近的其他船只，随后驶离了港口。

1718 年，弗吉尼亚殖民地总督亚历山大·斯波特伍德宣布悬赏 100 英镑捉拿"黑胡子"，无论死活。英国皇家海军"珍珠"号的第一副官罗伯特·梅纳德受命追捕"黑胡子"。梅纳德带了两艘小船，在奥克拉科克河口的浅滩上与"黑胡子"相遇。黎明时分，海军发起进攻。当梅纳德准备登上"黑胡子"的船时，这个海盗大声喊道："如果我给你半点怜悯或向你乞求半点怜悯，就让老天把我的灵魂罚入地狱。"

随后发生了一场混乱而血腥的战斗。梅纳德与"黑胡子"进行了一场近身搏斗，后者身中 20 剑和 5 枪，最终在血泊中死去。其他 12 名海盗在战斗中丧生。梅纳德也失去了 8 名士兵，另有 18 人受伤。他斩下了"黑胡子"的头颅，将其挂在船头的斜桅杆上，然后驶回詹姆斯河去领取赏金。幸存下来的海盗后来在威廉斯堡接受审判，其中 14 人被处以绞刑。

在加勒比地方政府与海盗之间的战争中，下一个值得注意的事件发生在巴哈马。1720 年 10 月 10 日，《波士顿公报》（The Boston Gazette）刊登了伍兹·罗杰斯船长的公告。公告宣布，一艘名为"威廉"号的 12 吨单桅帆船被人从拿骚港口偷走。参与的海盗由约翰·拉克姆领导，包括"两个女人，名叫安·富尔福德——别名邦尼——和玛丽·瑞德"。这是个轰动性的消息，因为当时的航海被

艾尔温达是最早被记录的一位女性海盗，她女扮男装投入海盗生涯。据说艾尔温达在中世纪名震波罗的海地区。

女海盗玛丽·瑞德和安妮·邦尼插画，出自 1725 年荷
兰版查尔斯·约翰逊船长的《海盗通史》。

视为一种完全由男性从事的职业。除了少数几个女性穿男装在海军或商船上工作外，唯一有详细记录的女海盗是勇敢而机智的格雷丝·奥玛利，她在伊丽莎白时代指挥着一支舰队在爱尔兰西海岸活动。鉴于女性海盗的稀有性，约翰逊船长在他的书的扉页上特别关注了玛丽·瑞德和安妮·邦尼 [1]，并在书中给予了她们相当大的篇幅。她们在拉克姆指挥的船上的英勇之举得到了多个来源的证实，包括她们在牙买加受审时的记录，但只有约翰逊写过她们早年的生活。不过，正如他自己所承认的那样，"有些人可能会认为整个故事不过是小说或罗曼史罢了"。

根据约翰逊的说法，玛丽·瑞德出生在英格兰。从出生后，她的母亲就"将她的女儿打扮成男孩"，以便继承一笔遗产。13 岁时，玛丽当了仆人——不是女仆，而是侍从男仆。她很快就对这种卑微的生活感到厌倦，由于"心思不定"，她前往佛兰德斯，并加入了一个步兵团当候补军官。她参加了几次战斗，后来爱上了一位英俊的佛兰德斯士兵，并与其结婚。当她的丈夫去世后，她再次穿上男装，重新加入了军队。但是由于没有晋升的希望，她又离开了军队，登上了一艘前往西印度群岛的船。在航行中，船只遭到海盗的袭击。又经历过几次颠沛流离后，她便成了海盗，加入了由拉克姆指挥的海盗船，而安妮·邦尼也在其中。

安妮·邦尼的父亲是一位从爱尔兰科克郡移民到卡罗来纳的律师，而她则是这位律师的私生女。在卡罗来纳，安妮与一位名叫詹姆斯·邦尼的贫穷水手结婚，并与他一起来到了巴哈马。在拿骚，她受到约翰·拉克姆的劝诱，成为他的船员。拉克姆原本是查尔斯·范恩队伍中的一员，但后来取而代之成为船长，并率队袭击了牙买加罗亚尔港附近的一艘船。返回拿骚后，他从港口偷走了"威廉"号，并带着 9 名船员和女海盗们展开了一次掠夺远征，途经巴哈马的哈伯岛，而后绕过古巴海岸前往牙买加。在牙买加的内格里尔湾停泊期间，他被乔纳

---

① 指《海盗通史》第二版扉页上的完整书名：*A GENERAL HISTORY OF THE PYRATES : from their first rise and settlement in the Island of Providence, to the present time With the remarkable actions and adventures of the two female pyrates Mary Read and Anne Bonny*。

森·巴尼特船长发现。巴尼特是一名商船船长，正在牙买加总督的授权下执行捕捉海盗的任务。经过短暂的战斗，拉克姆投降，随后和他的船员一起被带到西班牙城接受审判，后被判处死刑。拉克姆和他的男性船员被绞死，但玛丽·瑞德和安妮·邦尼因被发现有孕在身而获得缓刑。后来，玛丽因发热死于狱中。在当地教区的注册簿中，记录着玛丽于 1721 年 4 月 28 日的葬礼，但再未发现关于安妮的更多信息。

与"棉布杰克"约翰·拉克姆相比，巴沙洛缪·罗伯茨的海盗活动就显得声势浩大得多。关于他的袭击的信息常常见于报纸以及殖民地事务处^①（Colonial Office）的文件上，而对这两类文献的研究揭示了他的活动范围。作为一个严厉的、清教徒式的威尔士人，他是 1715—1725 年间在大西洋两岸活动的海盗中最成功的一位。据传，在作为海盗的两年半时间里，他共劫掠了大约 400 艘船。1719 年 6 月，他还在一艘奴隶船上当水手，随后在非洲几内亚海岸被豪威尔·戴维斯指挥的海盗船劫持。被迫加入海盗后，他迅速确立了自己的强大领导地位。在巴西海岸，他袭击并俘获了葡萄牙珍宝船队中最富有的船只，然后北上前往加勒比地区，在巴巴多斯岛附近又劫持了两艘船。他在纽芬兰岛附近制造混乱，烧毁、击沉渔船，并俘获了几艘商船。回到西印度群岛后，他在马提尼克岛摧毁了 20 艘船，并在多米尼加劫持了一艘荷兰船和一艘双桅帆船。

罗伯茨的一些袭击伴随着野蛮和暴力，像其他很多海盗和私掠船长一样，他要求船员遵守严格的行为准则。

1. 每个人在重要事务中都有投票权。对于任何时候所夺取的新鲜食物或烈酒，每个人都有平等的分配权，并可以随意使用，只有在食物短缺等特殊情况下，为了整体利益，可能需要限制个人的使用权。

---

① 也被称为殖民地秘书处（Office of the Colonial Secretary），是英国政府的一个部门，负责管理英国的殖民地和海外领土。该机构从 18 世纪起存在至 1966 年。

2. 每个人应按顺序公平地被召唤参加劫掠行动……然而，如果有人欺骗了团体，损失达到 1 美元——无论是等价的银器、珠宝还是货币——将受到被放逐的惩罚。如果抢劫只发生在彼此之间，有罪者会被割掉耳朵和鼻子，然后被抛在岸上——不是在无人居住的地方，而是在他必定会遭罪的地方。

3. 不允许任何人以玩纸牌或掷骰子的方式赌钱。

4. 晚上 8 点必须熄灭灯和蜡烛；如果船员在晚上 8 点之后仍想喝酒，必须去甲板上。

5. 保持火枪、手枪和短剑的清洁，并保证它们能够正常使用。

6. 不允许男孩或女人加入队伍。如果有人被发现引诱女性，并将她乔装打扮成男性带上船，他将被处以死刑。

7. 逃离船只或在战斗中离开自己的岗位，将受到死刑或被放逐的惩罚。

8. 不允许在船上起冲突或斗殴，每个人必须在岸上用剑或手枪解决争端。

9. 在每个人获得 1000 英镑的份额之前，不允许有人散伙。如果为了实现这一目标，有人在服务期间失去一只手脚或成为残疾人，他将从公共资金中获得 800 美元的补偿。较轻的伤害将按比例获得补偿。

10. 对于战利品，船长和舵手各获得两份的份额；大副、水手长和炮手获得一份半的份额；其他高级船员获得一又四分之一份的份额。

11. 乐师在安息日可以休息，但在其他 6 天和夜晚没有特殊待遇。

1721 年 6 月，罗伯茨和他的船员航行到非洲，沿着象牙海岸和黄金海岸，"掠夺他们遇到的每艘值钱的船只"。后来，他的海盗生涯在几内亚湾一场风暴中的战斗里结束。由查洛纳·奥格尔船长领导的海军远征队被派遣去追捕罗伯茨和其他在几内亚海岸活动的海盗，奥格尔船长引诱罗伯茨的船离开他们在加

伦敦沃平区的行刑码头：这是一幅 19 世纪早期的版画，展示了
一名即将被绞死的海盗，左侧骑马的官员手持银制桨。

蓬洛佩斯角背风处的锚地。罗伯茨在随后的战斗中被杀，他的船队被俘。幸存的海盗被带到了加纳的海岸角城堡，他们的审判记录被保留下来，提供了大量关于海盗的信息。海盗船上的 75 名非洲黑人被排除在审判之外，能够证明是被迫参与海盗活动的海盗被宣判无罪，但仍有 52

南美洲海盗文森特·贝内维德斯在 1821 年被处决后，头颅被挂在杆子上展示，作为对其他人的警示。

人在城堡旁边的海岸上被绞死，17 人被判在伦敦的马歇尔西监狱服刑。

罗伯茨的船员被大规模绞死标志着海盗黄金时代的终结。到 1725 年，大多数在约翰逊船长的《海盗通史》中出现过的海盗首领都在暴力中结束了自己的生命。有的随船沉入海底，有的像罗伯茨、"黑胡子"和爱德华·洛那样在战斗中丧生，但大多数海盗被逮捕、审判并被绞死。在 1701 年之前，任何被英国船只俘虏的海盗都必须被带到伦敦接受审判或处决，但是同年的一项议会法案授权在殖民地设立副海事法院，这使得殖民地总督可以更容易地通过假惺惺的审判和大规模处决海盗来镇压他们所管辖地区的海盗活动。例如在 1718 年，斯泰德·博内特和他的 34 名船员在南卡罗来纳的查尔斯顿被绞死；卢克船长和他的 57 名船员在 1722 年被绞死于牙买加；而哈里斯船长和 36 名船员在 1723 年被绞死于罗德岛的纽波特港。

在殖民地进行的审判和处决也遵循着英格兰的惯例。在英格兰，被判有罪的海盗们会被关押在马歇尔西监狱。行刑日时，将有一名军官手持象征高等海事法院权威的银桨，押解海盗们前往伦敦沃平区的行刑码头，该码头位于

高等海事法院银质桨。它象征着高等海事法院的权威，并在处决海盗时进行游行展示。

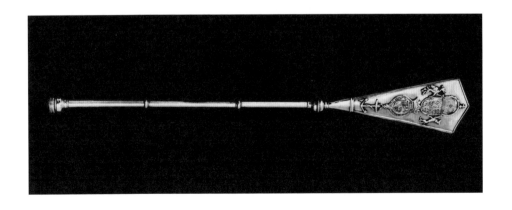

泰晤士河伦敦桥下游几英里处。他们在退潮线处的滩涂上搭建了一个木制绞刑架，这样人们就可以从泰晤士河北岸或停泊在河中的船上观看行刑过程。站上绞刑台后，脖子上套着绳索的海盗们必须先听完监狱牧师的布道，然后才会被允许向人群发表遗言。这些遗言经常被印刷出来，在坊间流传。行刑完毕后，尸体须被留在那里经受三次潮汐的冲刷。在那之后，那些更为臭名昭著的海盗的尸体会被涂上柏油，并被悬挂于搭建在沿河重要地点的绞刑架上作为警示。

天后聖母

第五章

东南亚海域

16 世纪的航海家汉弗莱·吉尔伯特爵士①记录了"中国海域"发生的"声势浩大而危险的海盗活动"。这些活动可以追溯到公元 400 年，当时臭名昭著的海盗孙恩在中国北部海岸线肆虐，并在南方引发了一场叛乱。在随后的几个世纪里，中国和日本的海盗在这些海域游荡，相互袭击对方的船只和沿海定居点。在 16 世纪初，日本海盗的势力达到巅峰，他们甚至航行至苏门答腊和马来西亚之间的马六甲海峡寻找猎物，其凶猛程度使得葡属印度的每个港口都抵制他们的船只进港。这里的海盗行为同时也是战争行为，其中的许多暴力行动是由控制着庞大舰队甚至军队的军阀所为。这一传统一直延续到 17—19 世纪肆虐中国沿海的臭名昭著的海盗王朝，因为海盗行为是他们追求政治目标甚至帝国权力的手段之一。在 16 世纪，还出现了一个新的复杂因素——欧洲商人大量涌入该地区。

葡萄牙人是第一批在远东进行贸易的欧洲人。1516 年，马六甲刚刚被葡萄牙攻占，殖民地总督阿方索·德·阿尔布克尔克就派出一艘中国式帆船前往广州进行贸易，不久之后，他的更多的葡萄牙同胞被中国的商业机会吸引而来。1518 年，西蒙·德·安德拉达在澳门附近建立了自己的据点，修建了一座堡垒，并开始进行一系列有组织的抢劫、暴力和海盗活动。他于 1521 年被驱逐，但更多的葡萄牙人到此取代了他的位置。到 16 世纪末，葡萄牙人以澳门为基地控制了中国和日本之间的大部分贸易运输。

1588 年，英国环球航海家托马斯·卡文迪许在加利福尼亚海岸夺取了西班牙大帆船"圣安娜"号后前往远东，最后"驾着一艘丝绸船帆的船"返回普利茅

---

① 文艺复兴时期的欧洲航海家和探险家。他曾于 1583 年航行到纽芬兰岛，试图寻找一条西北航道。他还出版了关于西北航道的论著，以引起世人的关注。

斯。这些丝绸船帆很可能是从他在巽他海峡掠夺的一艘中国船上获得的。随着英国人和荷兰人的到来，中国海域的掠夺和抢劫活动进入了一个新篇章。1592 年，后来指挥东印度公司首次航行的詹姆斯·兰开斯特乘坐"爱德华·博纳文图尔"号抵达东南亚海域。在马六甲附近，他夺取了一艘缅甸船上的葡萄牙货物，不久后又袭击了另一艘葡萄牙船。1605 年，爱德华·米切尔伯恩爵士乘坐"泰格"号前往马来西亚东海岸的北大年港 ① 实施掠夺，然而贪婪差点儿让他付出惨痛的代价。他们夺取了一艘中式帆船，但并不知道它已经被日本海盗占有。他的船员们登上该船并开始搜刮，而日本海盗则随后登上米切尔伯恩的船，抢走武器并袭击了这些英国人。他们费尽全力才击败日本人，而日本人则奋战到最后一人也未退去。然而，这次打击并没有阻止米切尔伯恩在航行期间对中国船只发动进一步的袭击。

在印度洋的东西方交往中出现的种族优越感在远东再次显现。1608 年，东印度公司早期的雇员威廉·芬奇注意到，"一些欧洲人认为劫掠当地居民的货物和船只是合法的"。在这方面，英国人的表现并不比葡萄牙人好。约翰·伯德在 1621 年 2 月写信给东印度公司，称公司下属的指挥官们夺取了 3 艘富有的中国帆船，并将赃物以个人名义而非公司名义出售。由此看来，对于东印度公司的雇员在中国海域进行贸易的同时在海上打劫，公司并不反对，甚至鼓励这样的行为。

郑芝龙：海盗王朝的缔造者

在 17 世纪初，荷兰和英国的东印度公司的船只进入东方水域后不久，中国出现了著名的海盗——郑芝龙，他的海盗生涯有着详细的记录。郑芝龙皈依了罗马天主教，也被称为加斯帕·尼古拉斯。他在 17 世纪 20 年代担任荷兰东印度公司的翻译，并通过他那拥有一些帆船的叔叔进行海盗活动。到 1627 年

---

① 今泰国西南部的港口城市。北大年作为历史古城，16 世纪时就已成为国际贸易港口。

底，郑芝龙的舰队已经引起了严重问题，以至于巴达维亚①的荷兰总督向主人报告说，中国沿海的城镇和村庄都生活在海盗袭击的恐惧中，"商业航行已完全停止"。

郑芝龙率领一支由1000艘帆船组成的舰队，在长江口至广州一带的海域肆虐。他享受着奢华的生活，拥有一支由荷兰士兵组成的保镖队和一支由300名基督徒黑奴组成的部队。这些黑奴来自澳门，他们通常都穿着鲜艳的丝绸服装。不断强大的权力似乎点燃了郑芝龙对更大影响力和更高权威的渴望，他"满脑子都是皇帝梦，梦想着皇位和黄袍"。郑芝龙将海盗行动与传统的"出人头地"的价值观相结合，接受了中国"皇家海军"的委任。但那时是明朝末年，鞑靼入侵者②向他提供了更符合他野心的官职和头衔。被权力吸引的郑芝龙于1646年前往福州，岂料掉入了圈套，随后被清朝皇帝③软禁起来，最终于1661年被处决。

郑芝龙的舰队被他的儿子郑成功接管。郑成功怀着对明朝的忠诚和对中原民族的情怀，展开了一系列反抗清朝统治者的行动。不仅如此，在1661年3月，郑成功还决心收复被荷兰侵略者侵占的台湾。他命部将洪旭、黄廷等人辅佐郑经守护金厦（现在的金门和厦门），又命人大修舰船，择日出征。5月，郑成功亲自率军，准备直取台湾。郑军趁着涨潮将船队驶进鹿耳门并成功登陆，进攻赤嵌城，歼灭包括上尉贝尔德在内的荷兰军数百人。荷军总督揆一率领残部死守台湾城（今台湾省东平地区），郑成功命军队将其团团包围。揆一派特使与郑成功谈判，表示愿意给予赔款以让郑军撤出。郑成功怒斥荷军并下令切断了台湾与外界的一切联系。激战中，郑军击沉荷军甲板船2艘，俘获甲板船2艘、小艇3艘。荷军舰队退出台湾海峡不敢再进犯。

最终，荷军在没有外援支持的情况下，向郑军投降。荷军总督揆一率残部

---

① 今印度尼西亚首都雅加达。

② 指清朝统治者。明朝之前，北方游牧民族被统称为"鞑靼人"；而从明朝开始，"鞑靼"一词特指东部蒙古地区，清政权起源于女真部落，并非严格意义上的"鞑靼人"。因此如无特别说明，后文中的"鞑靼"均由"清"来代替。

③ 指清顺治、康熙两帝。

500 余人离开台湾。至此，郑成功从荷兰侵略者手里收复了属于中国的领土——台湾。

中国海盗的生活

18 世纪 60 年代，大部分海盗活动集中在广州河口的岛屿上，这里是中国对欧洲贸易的主要出口地。其中包括未来的香港在内的一些被葡萄牙人称为"拉龙尼斯"（意为强盗或土匪）的岛屿。到了 18 世纪末，对欧洲船只的袭击变得更加普遍。19 世纪初，又出现了另一位海盗首领——郑一，他建立了一支庞大的舰队，完全能够与腐败且士气低落的大清帝国的海军相抗衡。到 1805 年，他几乎完全控制了广州周边的海岸，即使英国战舰的出现也无法威慑于他。1807 年，英国皇家海军的"费顿"号和"贝洛纳"号抵达中国，为本国船只护航，而海盗们对此展示了他们的轻蔑之意：

> 大约 60 或 70 艘拉龙尼斯强盗船以最无礼的方式进入炮火射程……决心惩罚这些海盗的傲慢行为……护卫舰对他们开火，海盗们却不为所动，冷漠地接受了这些攻击，甚至没有还击。

19 世纪初，一位名叫约翰·特纳的欧洲人落入郑一的手中，留下了有价值的被囚禁的记录。他是"泰伊"号的大副，在 1806—1807 年间被郑一俘虏并关押了 5 个月。据他估计，郑一的舰船数量有五六百艘，分为 6 个帮派，每个帮派都悬挂着不同颜色的旗帜。每个帮派在其被分配的中国沿海区域巡航并寻找猎物。他们的海盗船大多数是由被俘的商船加装火炮后改装而成的。较大的三桅船长约 24.4 米、宽约 5.5 米，而较小的双桅中式帆船长约它的一半；船长通常住在船尾的甲板上，与妻子（或妻妾们）、孩子一起，而船员及其家人则被安置在货舱内的宿舍或露天甲板上；弹药库位于船舱内船员区的中部，火枪和手枪等装备则由船长掌控，放置在船尾甲板上。最大的船上携带有 12 门火炮，较大的海盗船还

配备了能够容纳 20 人并装备有旋转炮的小艇，用于登上其他船只或对沿海村庄进行突袭。

郑一的海盗团伙俘获"泰伊号"的大副约翰·特纳。

　　战斗的主要规则与其他海洋上的海盗所使用的规则相似：一艘没有抵抗就投降的船将会在留下货物之后被释放。然而，那些进行了抵抗的船员却无法奢求这样的宽容，他们可能会被拷问、杀害，或被扣押以换取赎金。这些帮派通常独立行动，但在重大行动或面临威胁时会联合起来。没有从

这些海盗手中获得通行证的商船是不安全的，而一旦获得通行证，其他海盗帮派都会予以认可。

船上的生活条件极其简朴，尤其是对于一个囚犯而言。特纳的食物只是少量粗糙的红米饭，偶尔会添点咸鱼以增加口味。他的夜晚是在黑暗且气味难闻的肮脏环境中度过的，睡觉的地方是只有约宽45.7厘米、长1.22米的狭小空间。此外，他还经常受到殴打、踢踹和死亡威胁，但相比落入海盗手中的中国海军军官的命运，这些苦难实在是微不足道。对于这样的不幸者来说，立即死亡可能是他们最好的结局。特纳本人就目睹了可怕的行刑场景：

> 我见到一个人……双脚被大钉钉在甲板上，然后被四根编在一起的藤条抽打至吐血；在保持这种状态一段时间后，他被带上岸，然后被肢解……（另一个囚犯）被竖立起来，腹部被剖开，心脏被取出，然后他们将心脏浸泡在烈酒中食用……这是我亲眼所见。

巾帼海盗郑一嫂

1807年，郑一在台风中去世，他的遗孀郑一嫂继承了他的职位，她通常被称为郑氏。亚历山大·达尔林普尔在他的《关于中国海岸的海盗回忆录》（*Memoir Concerning the Pirates on the Coast of China*）中提到，中国海盗船上的女性船长并不罕见，但郑氏是一个非常杰出的领导者——除了是海盗首领外，她还是一位出色的管理者和商业女性。她非常认真地记录着她的商业交易，并要求手下的人遵守一系列规则，以在方方面面约束海盗的生活。这套行为规则，与一个多世纪之前加勒比地区的殖民者海盗所执行的规则形成了有趣的对比。其中最重要的规则包括：

◎ 海盗未经允许不得上岸。首次违规的惩罚是刺穿耳朵，再次违犯将被判处死刑。

◎ 所有掠夺来的物品必须在分配之前进行登记。负责获得特定战利品的船只将获得其价值的五分之一，其余部分将纳入总基金。

◎ 禁止虐待妇女，但可将妇女作为奴隶或妾室。那些没能换取赎金的妇女将以每人 40 美元的价格卖给海盗做妻子。

◎ 拿取农村居民提供的食物和补给品时应付钱。

根据现存的记录来看，这些规则似乎更多地被违反而非被遵守。而就像欧洲海盗通过将他们的劫掠称为"采购"来掩饰他们的不义一样，郑一嫂的掠夺行为被定义为"货物转运"。

郑一嫂的副手是张保——她已故丈夫的副官，也是她的情人。她在船上领导"红旗帮"，这是她的海盗队伍中的主要帮派，规模相当于其他五个帮派的总和。据估计，在权力巅峰时期，她控制着一个拥有 800 艘大型战船、近 1000 艘小型船只和 7 万～8 万名男女海盗的舰队。最大的战船重达 600 吨，装备多达 30 门火炮，可搭载 300～400 名船员。但郑氏最终成为成功与野心的牺牲品。她扩大了舰队的规模和行动范围，以致中国沿海的贸易陷入了恐惧和无助的瘫痪状态，各方势力不得不对她采取行动。

理查德·格拉斯普尔是东印度公司"埃利侯爵"号上排名第四的军官，在 1809 年 9 月被郑氏俘虏，直到 12 月才被赎回。他对这段时间的描述记录了海盗船上的肮脏和拥挤，以及糟糕的食物和乏味的生活。船员们任由老鼠繁殖，并将其视为一种美食。"我们靠吃毛毛虫煮饭熬过了三个星期。"

这种生存状态很快被恐怖、暴力事件打破。10 月 1 日，舰队开始系统地掠夺虎门以西的珠江三角洲上的村庄。村落被纵火烧毁，居民被绑架以索要赎金或被虐杀。格拉斯普尔的手下也被迫参与屠杀——起初是因为面临死亡威胁，但后来是因为得到了"每带回一颗人头就有 20 美元"的激励。当海盗们回来时，格拉斯普尔看到他们中的许多人都带着一对人头——用辫子系在一起，随意地挂在脖子上。有些人带回了多达 6 个人头。格拉斯普尔似乎在这些事件中扮演了一个模棱两可的角色——他一直留在船上，负责操作一门火炮。他还成为郑氏的宠儿，每次战斗前，郑氏都会在他身上泼洒大蒜水，当作让他避免受伤的魔法洗礼。

郑氏的最终垮台，是海盗内部的纷争导致的。由于嫉妒郑氏与她的副手张保之间的亲密关系，"黑旗帮"的指挥官郭婆带拒绝在战斗中援助张保。张保虽在这次背叛中幸存下来，但接下来两位海盗指挥官之间爆发了激烈的对决。双方的舰队在大屿山①进行了一场残酷的战斗，许多舰船在爆炸中全军覆没，而其他舰船则死战到最后一名船员。最终张保撤退。他的舰船甲板上流淌着鲜血，遍布死者的尸体和垂死挣扎的人。

尽管郭婆带在这场权力斗争中胜出，但他意识到此次决裂预示着海盗联盟的瓦解已经不可避免，于是他明智地向清政府投降，被封为海军官员，并被派遣去平定剩下的海盗。郭婆带投降和得到赦免的消息，加上舰队的减员，也推动了郑氏和张保投降。最后双方达成了协议，舰队挂上所有旗帜于 1810 年扬帆驶向广州虎门。在广州，郑氏率舰队投降。根据约定，张保也被任命为海军官员，而他的手下可以选择返回家乡或加入帝国海军。几千人选择了加入帝国海军，并在张保的指挥下清除了"黄旗帮"和"绿旗帮"的旧日伙伴，使得中国海域恢复了秩序。郑氏从此逐渐淡出了历史舞台，但有传言称，她的商业头脑此后用于了走私。

---

① 中国香港最大的岛屿。

最后的庞大舰队

东印度公司对中国贸易的垄断在 1834 年结束，随后前往东方的英国商人数量激增。英国人于 1841 年在香港建立了一个永久性的殖民地[①]，标志着该地区大规模海盗活动的结束。但在早期，商业贸易的增长却成为海盗的诱饵。

海盗对鸦片船的袭击造成的损失尤其大。1847 年 2 月，"欧米伽"号和"卡罗琳"号在厦门附近的深沪湾遭到中国（可能还有葡萄牙）海盗的突然袭击，两艘船的船长和军官们被杀，船上价值超过 10 万美元的鸦片和价值 5.9 万美元的财宝被劫走。此外，海盗活动也使普通贸易陷入瘫痪。1848 年，因为害怕遭遇海盗，800 多艘从香港到天津的运粮船被困在长江中无法离开。4 艘冒险出海的船只很快就被俘获，船员们也被用来勒索赎金。

在许多破坏行动中起重要作用的海盗是十五仔，他在 19 世纪 40 年代组建了一支庞大的海盗船队，威胁着福建省南部至北部湾、海南岛一带的海岸。他的副手徐亚保也是一支强大舰队的指挥官。徐亚保的基地位于距离香港以东约 50 英里的大亚湾，这个臭名昭著的据点作为海盗藏身地之名一直延续到 20 世纪。

1848 年，香港新任总督乔治·邦纳姆爵士

[①] 1842 年 8 月 29 日，英国强迫清政府签订《南京条约》，割占香港岛。1997 年 7 月 1 日与香港其他地区一起回归中国。

中国海盗旗，据说于 1849 年
10 月从海盗十五仔手中缴获。

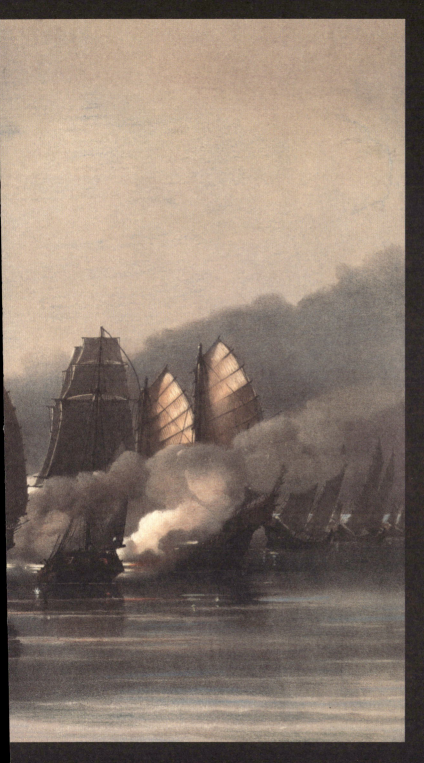

这幅石版画取自爱德华·克里的一幅水彩画，描绘了 1849 年 9 月在香港附近的大亚湾摧毁徐亚保海盗舰队的场景。

徐亚保是当时南中国海地区最臭名昭著的海盗之一。

的主要任务之一就是打击海盗。同年 9 月，英国海军军官约翰·达利姆普尔·海指挥的远征队被派往香港，以摧毁海盗的舰队。

这次对海盗的惩罚性行动中，出动了"哥伦拜恩"号（由达利姆普尔·海指挥）、"狂怒"号和"米迪亚"号，以及清朝海军的 8 艘帆船和东印度公司的蒸汽船"费列格顿"

号。9月初，蒸汽船"米迪亚"号在电白①附近摧毁了5艘海盗船，而半岛和东方蒸汽航行公司的"广东"号蒸汽轮船则在香港和海南之间的海滨击沉了另外5艘海盗船。10月，"哥伦拜恩"号和其他4艘船袭击了徐亚保在大亚湾的据点，摧毁了由1800名海盗和23艘船组成的舰队。10月末，达利姆普尔·海追击十五仔的舰队超过1000英里，最终将其逼至越南北部的东京江②。接下来的战斗清晰地展示了蒸汽动力舰船面对帆船时的优势。达利姆普尔·海的小型船队在涨潮时通过了河口，并向停泊的海盗舰队发起了猛烈的炮轰。第一次落潮使得海盗船位置改变，在没有任何办法调整船只位置的情况下，海盗船的240门火炮全部打空。在此次战斗及随后的清剿行动中，58艘海盗战船被摧毁，1700名海盗被杀，1000名逃到岸上的海盗被越南士兵杀死。十五仔和他的几名船长在得到赦免承诺后投降，此后他得到了清朝的赦免和一个闲职。而徐亚保一直逍遥法外，直到1851年被出卖并被带到香港。他被判处终身流放，最终在监狱中自杀。

十五仔及其同伙舰队的摧毁，对中国海域的海盗活动造成了重大打击，但并不意味着海盗活动彻底结束。1852年，香港水域发生了19起海盗案件；次年5月，英国皇家海军"响尾蛇"号又摧毁了另一支海盗舰队。这种围剿活动涉及大量人员和船只，并一直延续到了20世纪。但先进的船舶和武器技术以及从未缺席的海军力量，最终将海盗活动从一直存在的威胁打击为偶尔的麻烦。

"海盗之风"席卷东南亚

中国南海以南是东南亚群岛，这里对海盗来说也是富饶的猎场。海盗团伙既袭击殖民强国的船，也袭击竞争部落的船，掠夺奴隶和商品，然后在群岛的市场

---

① 今广东省茂名市电白区。

② 指越南北部河流红河，为中国、越南跨境水系，在上游中国境内的河段被称作元江或红河，在越南北部流经河内入海。

上出售。这种"海盗"活动在一定程度上可以看作是被群岛上的王国和苏丹国所接受的政治武器，同时也是对欧洲殖民主义理所当然的回应。1828 年，在英国建立新加坡殖民地不到十年之后，进出口注册官员爱德华·普雷斯格雷就对这种威胁欧洲商业利益的情况发出了警告：

> 即使在我们的殖民据点附近，海盗活动依旧非常猖獗，这是众所皆知的……只需随意查看一张这些海域的海图，任何人都不难看出，世界上没有哪个角落比这里更适合安全且顺利地从事海盗活动。

在东南亚的商人对海盗威胁及其对欧洲贸易的不利影响表示不满时，更有远见的观察者早已认识到，"海盗"这个词及其所带有的道德含义是不足以描述东印度群岛复杂的政治和经济局势的。东印度群岛存在着许多小型土著国家，它们由不同的部落组成，并且这些部落之间的效忠关系经常发生变化，这种情况在欧洲的政治体系中没有对应的参照物；而欧洲商人和殖民者的到来，深刻地改变并最终摧毁了这里脆弱而错综复杂的岛际商业网络。约翰·克劳福是新加坡及东南亚其他地区的殖民管理官，他在《印度群岛史》(*History of the Indian Archipelago*)中清楚地承认了自己同胞的双重标准：

> 与此相关的行为严重破坏了我们（欧洲人）在当地居民中的声誉，造成了极大的不信任，我们试图指责土著居民都是海盗，但实际上这种指责更应该指向我们自身。

然而，在 19 世纪之前，这些欧洲人的入侵还是一个循序渐进的过程，并没有摧毁荷兰控制之外的那些岛屿的传统贸易模式。从 17 世纪开始，荷兰殖民者的主要影响之一是使东印度群岛中原本强大的马来国家逐渐瓦解，导致马来人和爪哇人都失去了作为贸易运输者的主导地位。因此在马来人这边，许多人转而从事海盗活动。然而，在 19 世纪，群岛的政治结构发生了彻底的变革。

1824 年的《伦敦条约》[①]清晰地将东南亚划分为荷兰和英国的势力范围，推动解除彼此对对方贸易的威胁，并包含了一项关于采取联合行动来解决海盗问题的条款。

就像今天一样，扬帆去往远东的船舶要通过马六甲海峡狭窄的航道进入南中国海。这段航程全程约 500 英里，来往船只沿着马来半岛的海岸线，最终进入东印度群岛那不计其数的岛屿中。从这里开始，船只就进入了远东航行中最危险的地段。东印度群岛的无数岛屿环绕着南中国海，从苏门答腊一直延伸到菲律宾。这些海域是强盗和海盗的天然家园，他们轻巧的、吃水很浅的小船由被俘的奴隶划动着，似乎可以凭空出现，又忽然消失在难以接近的红树林沼泽，或森林茂密的岛屿上无数未被勘测的溪流中。

海盗很少会直接攻击航行中的船舶，常见的策略是隐藏在海岸线上，袭击搁浅的船只或那些"在陆海风的作用下动弹不得的"船只。然后，几艘马来快船会发起攻击，包抄大船。1826 年，《新加坡纪事报》（*Singapore Chronicle*）的一位作者就这样描述了海盗袭击的特点。

> 在船只失去操纵能力无法调转方向时，海盗会躲藏在目标船只的船头和船尾下面，这时目标船只无法使用火炮进行防御。这种对峙会持续几个小时，造成的破坏很小，但当船员在防御中筋疲力尽或用尽弹药时，海盗就会趁机集体登船。

对于这种消耗战策略，他推荐的防御手段是耐心等待海盗登船，然后再发起反击：

> 在我们看来，登船网、矛和手枪提供了最有效的安全保障。实际

---

① 又称《1824 年英荷条约》，1824 年 3 月 17 日签订于英国伦敦。该条约旨在解决英国与荷兰在东南亚马来群岛的贸易与势力范围纠纷，影响了后来马来西亚与印尼两国的领土范围，也决定了新加坡日后的命运。

上我们认为，一艘有坚定的欧洲船员进行防御的船，几乎不会受到任何开放式的海盗攻击的威胁，因为海盗们不善于操作火炮，无论战斗持续多久，船体和索具都不会受到太大的损伤。

然而，欧洲贸易船的船员们往往忍不住立即反击的诱惑，最终导致许多商船被一个个活跃在群岛的海盗团伙劫持。

在菲律宾的苏禄群岛有一群由巴兰金吉人组成的海盗。苏禄群岛位于加里曼丹岛东北部。许多西方观察家认为，以其中的霍洛岛为中心的苏丹国是该地区的海盗大本营。3个世纪以来，它成功地抵抗了殖民侵犯。但随着欧洲人在贸易中逐渐占据主导地位，当地合法贸易的机会越来越少，苏禄人越来越倾向于海盗行为和掠夺，而不是屈服于天主教国家西班牙的统治。英国试图在此建立影响力的尝试也无功而返。1814年，未来的新加坡创建者斯坦福·莱佛士派遣约翰·亨特向苏丹通报"大英帝国的旗帜将要在东印度洋上飘扬"，并商谈向苏丹国派驻一名英国代理人的事宜，但遭到了对方的断然拒绝，"即使我们是海盗，英国人也无权干涉"。苏禄人都是熟练的水手，他们的快速科罗船（帆船，有舷外托架和高拱形的船头、船尾）扫荡了菲律宾那些毫不设防的岛屿，为东南亚市场寻找奴隶——就像他们的欧洲同行在东非和西非海岸扫荡，为美洲市场寻找值钱的奴隶一样。直到1851年，该苏丹国才被西班牙帝国在菲律宾彻底击败。

位于菲律宾更东部的棉兰老岛是令人闻风丧胆的伊拉农人的故乡，他们指挥着庞大的舰队在整个群岛俘虏并买卖奴隶。他们似乎从18世纪才开始大规模从事海盗活动，但到了19世纪，他们已经成为东南亚最令人恐惧的掠夺者。英国海盗和航海家威廉·丹皮尔在17世纪80年代曾随伊拉农人生活了6个月，但他没有提到海盗行为，而是将他们描述为和平的人民，用自己金矿中出产的黄金购买所需的商品。丹皮尔发现马来人总体上是诚实的种族，至于确实存在的海盗行为，他认为是因为荷兰对群岛的经济控制日益加强，而这只是一种直接的回应方式。

伊拉农人和巴兰金吉人在整个群岛上进行定期的、计划周密的航行，他们的庞大舰队由排水量 40 吨～100 吨不等的大帆船组成，船员有 40～60 人不等。他们通常使用土著武器，包括矛和"苏姆庇坦（吹箭）"，以及当地制造的印尼克里斯剑和"帕朗（闪光的刀或短剑）"。但与其他海域的海盗一样，他们很乐意劫获并使用欧洲的火枪和剑。有时他们会对其进行改造以适应当地的条件，例如安装在船头的旋转炮。这些炮仿照欧洲原型，但在当地制造。这种黄铜炮是一种宝贵的财产，在不使用时会被所有者妥善保管并存放在他的房子里。从苏禄和棉兰老岛出发，舰队航行到西北加里曼丹岛后，分成若干中队在东印度洋游弋。其中一队将绕行加里曼丹本岛，并在回程途中对新几内亚和苏拉威西发动攻击；而第二队则前往暹罗湾和马来亚东海岸；第三队会穿过马六甲海峡，有时深入缅甸北部；而第四队则前往爪哇岛北海岸，然后向西去到孟加拉湾；最后一队则在菲律宾的岛屿间劫掠。这些航行的规律性非常

当地人使用的武器。

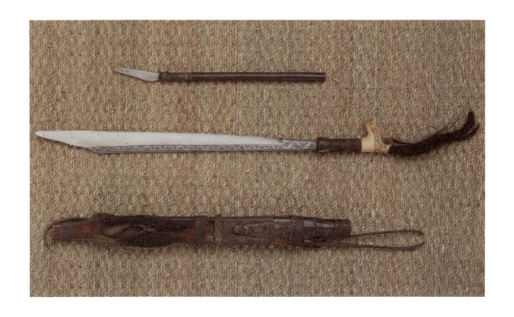

高，以至于英国海峡殖民地当局将 8、9、10 月称为"拉农季节"。

无论是合法活动还是海盗行为，来自苏拉威西岛的布吉商人都对欧洲贸易造成了额外的威胁。布吉人巧妙地在东印度群岛的岛屿之间航行，从新几内亚到苏门答腊，几个世纪以来一直主导着东印度群岛的海上贸易。新加坡从殖民地创立初期就有一个布吉人社区，他们的船只每年都会来港进行贸易。大约由 200 艘船组成的布吉舰队会在每年的 9、10 月间抵达，船上装载着群岛当地的产品，从日常用品到奇珍异宝都有：花纹布料、金粉、玳瑁壳、天堂鸟的羽毛、香料和可食用的燕窝等。这种合法贸易与机会主义的海盗行为以及奴隶贸易相结合，使得布吉船只会毫不犹豫地攻击欧洲船只。1827 年，一位随布吉舰队航行并被他们囚禁了两年的新加坡商人约翰·道尔顿，将他们描述为"最贪婪、嗜血和野蛮的种族……对所有欧洲人都是最致命的敌人"。他认为"每艘布吉人的船都是海盗船"，并声称曾遇到一个自夸杀死了 27 名欧洲船长的海盗首领。其实，布吉人中确实有许多海盗，但这些观点无疑有夸张之嫌，因为毕竟是欧洲人想要打破布吉人对利润丰厚的岛屿贸易的垄断。

新加坡建立

斯坦福·莱佛士于 1819 年建立了新加坡殖民地，而在其他地方稳步消除海盗威胁的同时，东方海域的海盗活动却有复兴之势，这对于年轻的新加坡来说是一个重大威胁。在马六甲海峡的北部入口，旅行者得经过苏门答腊岛北部的亚钦海盗的考验；而在另一端，就在新加坡南方不远处，廖内-林佳苏丹国中的岛屿被认为是海盗的老巢。虽然海峡南部的岛链直接提供了易于海盗船躲藏的避难所，但对新加坡的威胁主要来自该岛本身。英国殖民地内的间谍也会向海盗提供有关船只航行的信息，导致船只经常在沿岸遭遇袭击，同时有太多商人乐意进行赃物交易。多年来，新加坡原本的控制者"天猛公①"控制着一个以这些岛屿为基

---

① 天猛公是马来人诸苏丹国中的一种高级官职，一般负责国中治安，是苏丹的宫廷侍卫、警察和军队统领。1819 年，斯坦福·莱佛士在新加坡登陆，与天猛公阿都拉曼签订协定，在当地建立殖民据点。

地的海盗网络，同时又与英国人称兄道弟，而新加坡的欧洲商人们只能眼睁睁地看着，却无计可施。新加坡当局也只能无助地看着载着重武器但没有货物的大型船只，带着几乎毫不掩饰的海盗意图从新加坡启航。直到19世纪40年代，柔佛的天猛公易卜拉欣才被说服放弃海盗活动，转而从事合法贸易。

东印度公司的反海盗行动

海盗对欧洲贸易的威胁如此严重，以至于1835年时，新加坡参政司塞缪尔·邦纳姆警告称，海盗威胁着殖民地和群岛的贸易，可能导致其"完全毁灭"。商人们提出请愿，要求有关各方采取行动。于是，1836年，皇家轻型军舰"沃尔夫"号和东印度公司的蒸汽船"迪安娜"号被派往马六甲海峡消灭海盗。这些小型蒸汽船的机动性对海盗船只造成了相当大的冲击，到了年底，新加坡水域已被认为足够安全，船只可以将行动扩展到更远的地方了。但随着它们的离开，海盗很快回归。人们意识到，除非摧毁整个群岛上的所有海盗巢穴，否则威胁将永远无法有效消除。

对遏制加里曼丹岛海岸的海盗威胁负有最大责任的是皇家海军军官亨利·凯珀尔，他指挥着装备有18门炮的轻型护卫舰"迪多"号，并在之后再次积极参与中国海域的反海盗活动。凯珀尔最初的任务是调查伊拉农人和巴兰金吉人的海盗活动，但由于这些部族位于西班牙的势力范围内，派遣英国战舰驱逐他们在政治上是不可被接受的。然而，在1843年，凯珀尔在新加坡与詹姆斯·布鲁克相遇，后者说服他将注意力转移到位于砂拉越萨里巴斯河和巴唐卢帕河的达雅人身上。布鲁克继承了父亲的遗产，购买了多桅帆船"君主"号，并于1839年带着它来到了东南亚。1840年，他在镇压砂拉越反对文莱苏丹的叛乱中发挥了至关重要的作用，并受邀成为该领土的总督。在随后的几年里，布鲁克及其继任者扩大了他们的领土范围，并建立了"白人拉惹"王朝[①]，统治着砂

---

① 又称"布鲁克王朝"。

海军上将亨利·凯珀尔（1808—1904）爵士，1840 年代婆罗洲海盗的克星。他指挥"迪多号"进行的东南亚探险被记录在 1846 年出版的《皇家海军迪多号到婆罗洲的远征》一书中。

拉越，直到第二次世界大战爆发。布鲁克很快意识到，对于他的新王国的经济扩张来说，最主要的障碍就是海盗造成的贸易中断。

在布鲁克控制砂拉越地区时面临的最大的海盗威胁，是生活在首都古晋以东的萨里巴斯河的伊班人。萨里巴斯海盗中也有马来人，他们在17世纪末从柔佛帝国迁徙而来，人数约为1500人。数量更多的是数千名达雅人战士，他们似乎在效仿萨里巴斯的马来人，将海盗作为一种生活方式。对此，凯珀尔有这样的说法：

> 随着时间的推移，他们成为熟练的水手；他们建造了一种特别适合他们隐秘、迅速行动的马来快船或班孔快船；并且与马来人一起，组成了由100艘甚至更多马来快船编成的舰队，横扫加里曼丹岛长达800英里的海域。

凯珀尔和布鲁克于1843年5月抵达古晋，在得知萨里巴斯人已经带着300多艘船开始行动后，便决定立即攻击他们的据点。1843年7月8日，"迪多"号上的士兵随着由布鲁克组织的400名达雅人以及当地酋长指挥的180名士兵，一起进入了萨里巴斯河。在接下来的几天里，他们沿河向上游进军，摧毁了主要的海盗堡垒，并在短暂而具有毁灭性的战役中击溃了萨里巴斯人的抵抗。次年，"迪多"号和东印度公司的蒸汽船"费列格顿"号共同返回，再次对海盗进行了清剿。在距离古晋以东的巴唐卢帕河上游50英里的普图山，他们轻松地夺取了4座用来保护更上游据点的堡垒。在向河流上游推进的过程中，凯珀尔和布鲁克的部队遇到了猛烈的抵抗。虽然他们给了达雅海盗一系列压倒性的痛击，但部队也遭受了重大伤亡——30人阵亡，56人受伤。达雅人的伤亡情况没有记录，但必定非常惨重。因为在这些行动之后，海岸上的海盗据点一度失去了作战能力。

然而，这种缓解只是暂时的。1848年，凯珀尔又对加里曼丹岛海盗发起了一次攻击，却没有取得什么成果。1849年初，布鲁克击败了一支由150艘船组

东南亚与远东地图，出自琼·布劳的《大地图集》。

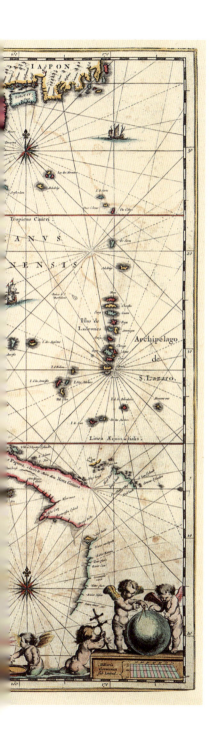

成的舰队，但他未能成功摧毁对方的主力舰队。7 月底，萨里巴斯人遭遇了一场大败。亚瑟·法夸尔指挥的皇家海军舰艇在班东丸海战中，协助布鲁克的部队摧毁了约 90 艘萨里巴斯海盗舰队的船只，对萨里巴斯海盗造成了毁灭性的打击，加里曼丹岛海盗从此一蹶不振。虽然没有关于伤亡的确切数字，但据估计可能在 800 人。海事法院接受了更为保守的估计，以 500 人的数量发放了总额为 21700 英镑的悬赏金。虽然海盗犯罪常常缺乏确凿的证据，同时在殖民扩张的背景下，对"海盗"的定义也有困难，但海军军官每抓获或击毙一名海盗可以获得 20 英镑的奖励，这无疑对追捕海盗起了推动作用。英国议会显然对海盗问题中的道德模糊性是有所了解的，比如有人认为，那些土著居民是在参与部落间的合法战争，而非从事海盗活动，残忍屠杀他们的布鲁克因此受到指控，成为议员们愤怒攻击的对象。此外，在东南亚和中国海域支付的巨额悬赏也被视为引发暴力丑闻的诱因。这样的批评标志着，冒险家和自由掠夺者（无论是海盗还是殖民者）可以不考虑世界上的其他任何事情而一门心思开疆拓土的时代已经走到了尾声。

1862 年，砂拉越的蒸汽船"彩虹"号进一步摧毁了伊拉农海盗的舰队，彻底消除了该群岛区域内最大的海盗威胁。而接下来的几十年里，由于技术优势和殖民统治的扩张，中国和东南亚地区的海盗活动得到了很好的控制。1868年9月，专门用于反海盗行动的皇家军舰"雅芳"号抵达新加坡，这艘迅捷但装备着重型火炮的464吨炮艇清楚地证明了西方的技术优势。

但海盗活动从未消失。20世纪八九十年代，东南亚海域的海盗活动再次出现高峰。随着货物价值的增长，小规模化的现代船只的船员队伍越来越难以抵抗武装抢劫团伙，哪怕对方也只是小规模团伙。抢劫者们乘坐快艇，与他们的前辈一样，在鲜为人知的小岛的隐秘避风港里设有基地。每年都有装载着价值数百万英镑货物的船只被海盗洗劫一空。在许多情况下，船只本身也会被抢走并被赋予新的身份。只要财富还在基本上没有受到监管的海洋中流转，海盗就会继续袭击这些脆弱的猎物，延续几千年来海上贸易的传统。

第六章

虚构作品中
的海盗

1837 年，来自波士顿的查尔斯·埃尔姆斯出版了《海盗自述》（*The Pirates Own Book*），这本书总结了 17 世纪和 18 世纪初期关于海盗的普遍观点："在与海洋打交道的人心目中，'海盗'这个词与一种迷信的恐怖联系在一起。很少有什么话题能比这些化身为人的'怪物们'铤而走险的经历、肮脏的行径和邪恶的生涯更能引起人们的兴趣和好奇心……"然而，我们的态度自那时起发生了变化，虚构取代了事实，海盗不再被视为怪物，反而获得了"传奇"的地位。对人们来说，约翰·西尔弗比"黑巴特"更有意义。胡克船长是一个比"黑胡子"更生动的角色，后者曾经在美国东海岸造成恐慌。在 20 世纪三四十年代的冒险片中，由埃罗尔·弗林和小道格拉斯·费尔班克斯扮演的海盗和私掠者，让亨利·摩根爵士和 17 世纪末经常光顾罗亚尔港酒馆的那些醉醺醺的恶汉形象黯然失色。

文学中的海盗

对于小说家和戏剧家来说，海盗提供了一系列令人兴奋且易于使用的故事情节，它包含了旅行、冒险、暴力、性和围绕着令人叹为观止的财富进行的战斗与胜利，以及更常见的挥霍和失去。因为有残存的事实作为基础，从 17 世纪加勒比海盗的全盛时期开始，海盗和海盗行为就一直吸引着小说作家。在许多情况下，作家们使用真实的来源作为虚构文学细节的起点，将实际事件和虚构元素交织在一起，让他们能够将自己的故事呈现得更像事实而非虚构。这些记述的准确性因人而异，差别巨大，但在少数情况下，虚构叙事可以充分利用个人经验，取得良好效果。塞万提斯于 1575 年被巴巴里海盗俘获，并在阿尔及尔被囚禁了 5 年才被赎出。他的经历在《堂吉诃德》的俘虏故事中有所体现，也就是说，有些

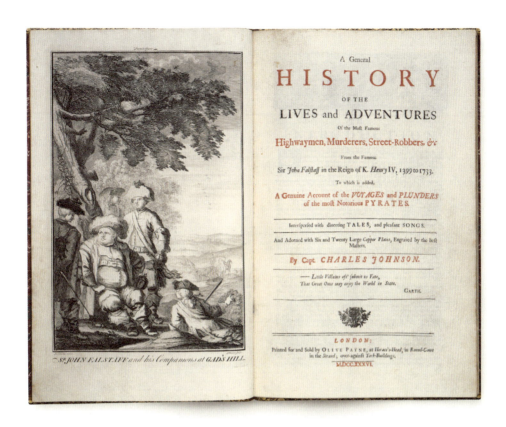

St. JOHN FALSTAFF and his Companions at GADS HILL.

约翰逊船长的
《最著名的拦路强盗、
谋杀犯、街头劫犯的
生平和冒险通史》的
扉页（附上了对最臭
名昭著的海盗的航海
和劫掠的真实描述）。

虚构的情节反映的是他个人的真实经历。

　　虽然很少有作家可以像塞万提斯那样夸耀自己在海盗世界中的经历，但由于读者对这一主题的热衷，17世纪和18世纪出现了一些相当真实的关于加勒比海和印度洋海盗的记载。这些记载被小说家毫不掩饰地拿来使用了。过去200年的虚构海盗故事大部分都来自两本畅销书：第一本是亚历山大·埃斯奎梅林的《美洲海盗》，该书于1684年在英国首次出版，作者参与了他所描述的许多海盗袭击行动。尽管书中的一些故事有些可疑，但这部作品仍然是一份宝贵的资料。另一本同样受欢迎的作品是查尔斯·约翰逊船长于1724年出版的《海盗通史》。据说该书是在对水手和前海

丹尼尔·笛福（1660—1731）。这是一幅
戈弗雷·内勒爵士风格的肖像画。

19 世纪 的 版画，描绘了丹尼尔·笛福的《鲁滨孙漂流记》中的一个场景，该小说首次出版于 1719 年。

盗的采访的基础上写成的，囊括了当时许多著名海盗的传记。有些论断指出丹尼尔·笛福是这部经典著作的作者，但现在这样的论断已经受到笛福学者的严肃质疑。

在众多满足了公众对海盗故事的渴望的作家中，笛福或许是最早也最著名的一位，他在自己的作品中广泛运用了海盗主题。和他的大多数作品一样，笛福在对海盗的描述中将新闻事实与虚构交织在一起。海盗行为在他最著名的作品、1719 年出版的《鲁滨孙漂流记》中作为推动情节发展的手段出现，其主人公被摩洛哥萨累的巴巴里海盗俘虏后逃脱，并最终流落到荒岛上。次年，也就是 1720 年，《海盗之王》（ *The King of Pirates* ）出版，这是对亨利·埃弗里职业生涯的事实描述，该书似乎源于笛福与这位前海盗的面谈。同年，他还以虚构的方式处理了这一主题。在《辛格顿船长》（ *The Life, Adventures and Piracies of the Famous Captain Singleton* ）一书中，亨利·埃弗里的事迹为书中的一些故事提供了素材。

笛福借埃弗里的事迹来创作，这反映了公众对海盗所谓的传奇财富和迷人生活方式的痴迷。在这一时期，埃弗里的恶名也被用于许多戏剧作品中。在约翰逊的《海盗通史》出版的前几年，一部名为《成功的海盗》（*The Successful Pirate*）的戏剧于1712年在德鲁里巷①上演。这部戏剧也是以"马达加斯加海盗之王"埃弗里的生活为基础，由名为查尔斯·约翰逊的人编写，但目前还不清楚此人与《海盗通史》的作者是否是同一个人。即使在那个时候，事实和虚构也不可分割地混淆在一起。而在现实中，埃弗里并未在热带岛屿上享受奢华生活，而是回到了英国，最后在饥寒落魄中默默无闻地死去。虽然这出戏剧在很大程度上是作为喜剧上演的，但有趣的是，一位当代评论家以更高的道德立场对此表示愤慨，他指责作者"拿着帆布和拖把的水手……当成悲剧中的英雄"。

19世纪早期，海盗形象在拜伦的笔下从粗暴、贪婪转为浪漫。他的叙事诗《海盗》（*Corsair*）首次发表于1814年，描述了康拉德这位活跃在爱琴海的巴巴里海盗的悲剧生活和爱情。

> 那个孤独而神秘的人，
>
> 很少见他笑，很少听到他叹息；
>
> 他的名字让他的船员中最凶猛的人胆寒……

拜伦是英国浪漫主义诗人中最英勇、最令人兴奋的一位。他在1812年凭借《恰尔德·哈罗德游记》（*Childe Harold's Pilgrimage*）一举成名。他将巴巴里海盗康拉德描绘成拜伦式的英雄和社会的弃儿，这清楚地反映了公众对这位诗人自身个性和声名的着迷。这首长诗非常成功，发行首日销量高达1万册。

拜伦并不是第一个将巴巴里海盗作为文学题材加以利用的人。剧作家罗伯特·达伯恩的《一个变成土耳其人的基督徒》（*A Christian Turn'd Turk*）和菲利

---

① 指德鲁里巷的皇家剧院，通称"德鲁里巷"。德鲁里巷区域也是伦敦西区剧院的主要分布地。伦敦西区与纽约的百老汇一样，代表着英语世界最高水平的商业戏剧和剧院。其中德鲁里巷的皇家剧院于1663年5月开业，是伦敦最古老的剧院。

一幅来自 1873 年的版画，描绘了拜伦勋爵（1788—1824）。

普·马辛杰的《叛教者》（*Renegado*），都反映了当时人们对地中海地区的伊斯兰教势力的担忧。达伯恩的戏剧讲述了真实存在的海盗约翰·沃德的生平，尽管他是一名逃犯，但在英国却成了一位受欢迎的英雄，直到他改信伊斯兰教。需要再次强调的是，戏剧家创造出来且被公众接受的迷人形象，与原型人物的现实形象相去甚远。一位于 1608 年在突尼斯遇见这位著名海盗的英国水手描述道：

……个子很矮，头发很少且全白，前额秃顶，黝黑的脸上胡子拉碴；他很少说话，几乎都是咒骂；从早到晚都醉醺醺的；挥霍成性且胆大包天。当他的船只停靠在港口时，他经常在船上睡大觉。

到了拜伦的时代，巴巴里诸邦的势力已经式微。随着真正的威胁消退，海盗可以被浪漫化为"英勇但注定要失败的局外人"——不再致命，但仍然充满了异国情调的危险感。上面那首诗在 19 世纪的大部分时间里以各种形式流传着，激发了至少 6 部歌剧的创作，包括威尔第在 1856 年创作的一部著名芭蕾舞剧和柏辽兹的一首序曲。

正如达伯恩和马辛杰的剧作所展示的那样，海盗实际上在 18 世纪末登上浪漫主义舞台之前早已在戏剧的边缘徘徊，与他们的"罪犯兄弟"——走私者、强盗、土匪、盗贼和其他无赖又爱冒险的人一起，加入了19世纪早期的通俗"哥特式"恶棍的行列，出现在了通俗剧中。海盗的黄金时代已经戴上了神话的光环，戏剧家们抓住了一切可用的素材，以满足市场对戏剧刺激的渴求。在舞台上击败海盗为展示船只和战斗场景提供了绝佳的机会，包括爆炸、碰撞的船帆和对"勇敢的英国水手"的美化，这在纳尔逊[①]时代是一个市场广阔、利润丰厚的主题。

第一部值得注意的海盗戏剧是詹姆斯·克罗斯在1798年的作品《黑胡子；或者，被俘的公主》(*Blackbeard; or, the Captive Princess*)，这是一部两幕的严肃喜剧芭蕾舞剧，其标题就暗示了一个典型的海盗恶棍与无辜受威胁的女主角对抗的情节。1829年，才华横溢的爱德华·菲茨堡——一位几乎堪称"航海情节剧发明者"的剧作家在《红色漫游者》(*The Red Rover*，改编自詹姆斯·费尼莫尔·库珀的小说)中创作了一个出色的海盗角色。这两部作品都成为"一便士普通，两便士彩色[②]"的玩具剧院剧目的重要组成部分。史蒂文森在1884年发表的一篇文章中对此表达了赞赏，该文章发表前不久他刚出版了经典海盗题材小说《金银岛》。

歌剧《彭赞斯的海盗》由吉尔伯特作词、沙利文作曲，而现在很少有爱好者会意识到吉尔伯特的剧本是对菲茨堡和其他人的荒诞的模仿。吉尔伯特创作的那些心软的海盗颠覆了通俗剧的惯例，比如拒绝抢劫孤儿——他们的受害者总是自称为孤儿——因为他们自己也是孤儿；戏剧最后，所有人都被描述为"犯了错误的爱国贵族"。到了"彭赞斯"的时代，这种深情而荒诞的通俗剧早已过时，但它们中的海盗形象在1904年上演的《彼得·潘》中仍然有所体现。

随着真正的海盗在加勒比海和地中海的消失，小说中的海盗接管了舞台。拜

---

① 霍雷肖·纳尔逊 (Horatio Nelson，1758—1805)，他是英国风帆战列舰时代的海军将领及军事家，在英西战争及英法战争中发挥了重要作用，被称为"海上拿破仑"。1805年在与法国、西班牙联合舰队的作战中牺牲。

② "一便士普通，两便士彩色"是一句习语，指的是在19世纪流行的一种玩具剧院，这种玩具剧院通常由平面的剧院背景和角色组成，可以以一便士的价格购买。如果支付两便士，就可以购买彩色的、更加精美的角色。

伦的诗歌之后，苏格兰历史小说家沃尔特·司各特在 1821 年发表了小说《海盗》[①]（*The Pirate*），这部作品的成功激励了整个 19 世纪以及以后的一系列冒险故事、戏剧和歌剧的创作。实际上，创造了藏宝、"八分银"和荒岛传说的是小说中的海盗，而不是历史真实人物。在《金银岛》的开篇，坐在"本葆将军客店"角落里的老水手总结了海盗的形象，这个形象正是由史蒂文森这部名著中最著名的角色——约翰·西尔弗来表现的：

19 世纪色彩丰富的戏服，为吉尔伯特和沙利文的歌剧《彭赞斯的海盗》中的海盗或私掠船长而设计。

　　他的故事是最可怕的。那些吓人的故事包括绞刑、走跳板、海上风暴、干龟岛，以及西班牙主导地区的狂野行为和地方。

　　这些话很有道理。史蒂文森阅读过有关海盗的文献，游历过很多地方，了解船只和海洋。海盗的话题中确实充满了关于虐待、谋杀和海上疯狂行为的恐怖故事。不过，虽然绞刑确实是对海盗的通常处决方法，但一般仅限于头目，且经常会被赦免，而走跳板则从来不是对海盗的惩罚方式。而由史蒂文森普及，并在亚瑟·兰塞姆的《燕子号与亚马逊号》以及许多其他儿童故事中广为流传

————————————
[①]　故事设定在大不列颠岛以北的设得兰群岛，基本上以海盗约翰·高的生活为原型。

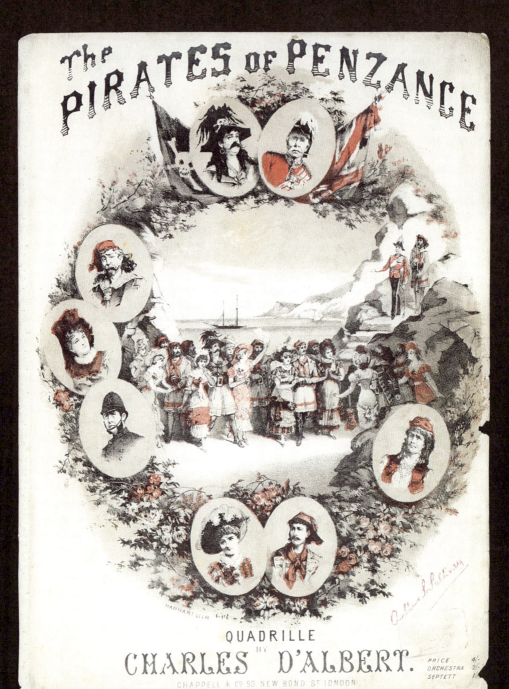

吉尔伯特和沙利文的喜剧歌剧《彭赞斯的海盗》
于1880年首次上演。

的宝藏地图和宝藏，在海盗的真实历史中几乎没有出现过。除了基德船长在加德纳岛上埋藏宝藏这一特例外，大多数海盗似乎把财富挥霍在了赌博、妓女和"惊人的酒量"上。

然而，《金银岛》自1883年出版以来，已成为海盗文学的经典之作，其中包含了许多与海盗文学相关的主题。故事围绕着热血少年吉姆·霍金斯在本葆将军客店发现的一张藏宝图展开。吉姆向特里劳尼乡绅和利夫西医生展示了这张地图，于是他们决定去寻找宝藏。他们乘坐"伊斯帕尼奥拉"号从布里斯托尔起航，由斯莫利特船长指挥。在航行过程中，吉姆发现独腿厨师长约翰·西尔福和一半船员都是曾在弗林特船长麾下服役的海盗，而他们正在密谋夺取埋藏的宝藏。海盗们推迟了袭击时间，直到"伊斯帕尼奥拉"号到达目的地，但他们偷盗宝藏的企图被本·甘恩挫败了。本·甘恩曾经被海盗流放到荒岛上三年之久，最后终于大仇得报。

虽然史蒂文森并不是一个经验丰富的水手，但他旅行时到过许多地方，他以极大的真实感描述了海洋。他熟悉约翰逊船长的《海盗通史》，在《金银岛》中，他创造了一个完全令人信服的狡猾、凶残的恶棍团伙。然而，他最令人难忘的创作——约翰·西尔福——的原型并不是海盗，而是他那只有一条腿的朋友W.E.亨利，一个具有张扬和强烈个性的作家、诗人。史蒂文森写道："我对约翰·西尔福感到非常自豪……直到今天，我仍然相当钦佩这位机智而可怕的冒险家。"

史蒂文森《金银岛》主题的纪念章，上面刻着约翰·西尔弗的头像。

如果约翰·西尔福已经成为大众想象中的海盗的原型人物，那么"金银岛"这个标题本身也确立了海盗传说中的另一个核心形象——海岛。长期以来，荒凉的热带岛屿一直与海盗联

霍华德·派尔的《埋藏的宝藏》。基德船长站在他从印
度洋返回时埋在纽约附近的加德纳岛上的宝藏之上。

1950 年代《珊瑚岛》的插图，
该书作者是 R.M. 巴兰坦。

系在一起。这在一定程度上源于海盗的一种惩罚——放逐孤岛。任何被判违背誓约、偷窃同伴或犯下其他罪行的海盗都有可能被放逐到一片无人的海岸。但这种关联也有历史根源，那就是海盗的确喜欢把岛屿作为活动基地。

海盗们在加勒比海的主要基地是牙买加岛、海地岛和干龟岛，这些岛屿战略位置优越，可以袭击从新大陆返回塞维利亚的西班牙船只。马达加斯加岛是海盗掠夺从印度和远东归航的船只的理想基地。未探明的岛屿也为海盗躲避欧洲国家的海盗猎手舰队提供了藏身之处。"邦蒂"号的叛变者们选择了皮特凯恩岛作为避难所[1]，因为该岛被错误地标绘在了航海图上。"黑胡子"的藏身之地则是美国

① 指著名的"邦蒂号叛变事件"。英国皇家海军"邦蒂"号的船员成功罢免了船长，叛变的船员将船长威廉·布莱以及忠于他的船员驱逐到小艇上，剩下的船员则驾船离开。叛变船员最后分别定居在大溪地和皮特凯恩群岛，"邦蒂"号则在皮特凯恩群岛附近的海上被烧毁。

东海岸奥克拉科克河口外的一个小岛。

史蒂文森将埋藏的宝藏与岛屿联系在一起，后来的作家进一步渲染了这一点，强化了海盗与岛屿之间的关联。R.M. 巴兰坦的冒险故事中，最受欢迎的作品是 1857 年问世的《珊瑚岛》（*The Coral Island*）。故事讲述的是在一次船难后，三个男孩被冲上了南太平洋的一个岛屿，在那里过着田园般的生活，直到其中一个被海盗俘虏。

R. L. 史蒂文森（1850—1894）。

随着海盗对西方航运的威胁逐渐成为历史，虚构作品中的海盗形象也大多变得更加驯服和无害，以适应年轻一代的观众。能同时吸引儿童和成人的最成功的作品也许是 J.M. 巴里的《彼得·潘》。该剧于 1904 年 12 月 27 日在伦敦的约克公爵剧院首演，由威廉·尼科尔森设计服装，埃德温·卢蒂恩斯设计了一些舞台布景。乔治·柯比的飞行芭蕾舞团设计了舞台机械，让达林家的孩子们可以在他们的儿童房里飞行，然后与彼得·潘一起前往乌有岛。故事的反派是海盗胡克船长。他被描述为"黑胡子"的水手长，是"他们中最坏的人"。他的船停泊在基德湾，他的船员包括爱尔兰水手长斯密、绅士斯塔基、天光，"以及其他在西班牙主导地区闻名已久的暴徒"。胡克是一个对 17 世纪海盗进行夸张讽刺的角色，他的左手被彼得·潘砍掉并被扔给了鳄鱼，所以他用铁钩代替了左手。胡克劫持了温迪和迷失的男孩们，把他们带回他的船上，并准备让他们走跳板，彼得·潘就在这时前来救援。甲板上发生了一场精彩的战斗，最后胡克跳出舷外，掉入等待已久的鳄鱼的大嘴里。

这部戏剧一开始就取得了巨大的成功，并从此持续地为儿童和成人观众带来愉悦。杰拉尔德·杜默里埃在首次演出中饰演了胡克，查尔斯·劳顿、鲍里斯·卡罗夫、阿拉斯泰尔·西姆和唐纳德·辛登等名人都曾接替他出演过此角色。华特·迪士尼制作了一部令人难忘的动画版本，而史蒂文·斯皮尔伯格则通过他的电影《铁钩船长》（Hook）将故事带入了未来，该片由达斯汀·霍夫曼和罗宾·威廉姆斯主演。

在亚瑟·兰塞姆关于儿童和船舶的经典冒险系列中，海盗是一个经常出现的中心主题。在1930年的第一本《燕子号与亚马逊号》中，南希和佩吉·布莱克特扮演海盗的角色，并在他们的14英尺小船的桅杆上升起了海盗旗。他们有一个叔叔，他们称之为弗林特船长，是一个退休的海盗，和一只绿鹦鹉一起住在一艘船上。1932年的《蟹岛寻宝》（Peter Duck）中，约翰、苏珊、提提、罗杰、南希和佩吉前往加勒比海寻找埋藏的海盗宝藏。而在1941年的《逃离龙虎岛》（Missee Lee）中，孩子们还遇到了中国海盗。实际上，一个有趣的例外是在《燕子号与亚马逊号》出版之前的一年，理查德·休斯在《牙买加飓风》（A High Wind in Jamaica）中，描述了孩子们被海盗抓获的更为黑暗的情节。

到了20世纪中叶，200年前的海盗已经彻底变成了一个无害的卡通小丑。帕格沃什船长首次亮相于1950年约翰·瑞恩在《意格》（Eagle）杂志上绘制的连环漫画中，他认为自己是"七大洋"上最勇敢、最英俊的海盗。但实际上，这个有些胖乎乎的无能海盗——他不仅成了电视和电影明星，还有超过15本关于他的书出版——是个胆小鬼，一遇到可怕的敌人"割喉杰克"就会害怕得瑟瑟发抖。帕格沃什船长所主宰的"黑猪"号上的船员也是一群贪婪、懒惰的人，除了"船舱男孩"汤姆——他的勇气和聪明通常能拯救大家。

《金银岛》场景的版画：桀骜不驯的海盗船长伊斯雷尔·汉兹被击毙前，
吉姆·霍金斯对他发出警告。

以《彼得·潘》在约克公爵剧院上演的场景绘制的插画，刊登在
1905 年 1 月的英国《球体》报纸上，距该剧首演不久。

荧幕上的海盗

接下来，电影——尤其是好莱坞——从业者们认识到了海盗的潜力，并在远离恐怖真相和通俗剧夸张演绎的情况下，将他们塑造成了浪漫的英雄。好莱坞和海盗似乎是为彼此而生的。从无声电影时代的早期开始，导演们就将海盗视为逃避现实的冒险、异国的浪漫和惊人戏剧效果的完美载体。最早的成功案例之一是1926年道格拉斯·范朋克主演的《黑海盗》（Black Pirate）。剧中，范朋克饰演一个因父亲之死而投身海盗的贵族。该片采用了实验性的双色技术，看起来像是动用了成千上万的演员。电影的高潮出现在范朋克爬上桅杆顶端时，将匕首插入主帆，并通过绳索滑降到甲板上。

人们担心"有声电影"的出现会为这些充满动作而对话似乎多余的冒险片敲响丧钟。但是在1935年，根据拉斐尔·萨巴蒂尼的小说改编的《铁血船长》（Captain Blood）的重制版中，名不见经传的演员埃罗尔·弗林凭借一位蒙冤的外科医生转行成为海盗的角色一炮而红。19岁的奥莉薇·黛·哈佛兰与他组成了完美搭档，两人随后又一起主演了其他9部电影。该片在口碑和票房上都取得了成功。后获得了奥斯卡最佳影片提名，并确立了导演迈克尔·柯蒂兹作为冒险片大师的地位。

《铁血船长》之后是1940年的《海鹰》（The Sea Hawk），同样由柯蒂兹执导，埃罗尔·弗林饰演一位在加勒比海对抗西班牙人的私掠船长。该片在很大程度上基于弗朗西斯·德雷克爵士的事迹，伊丽莎白一世女王一角则由弗劳拉·罗博森扮演。华纳兄弟在一个工作室里建造了一个深水池，建造了两艘全比例的帆船，并使用液压千斤顶摇晃它们，使其在水池中浮动。尽管在制作上花费了巨额资金，但该片获得了97.7万美元的可观利润，并被一些评论家认为是有史以来最伟大的冒险片之一。

20世纪50年代，许多以海盗为主题的电影问世。首屈一指的就是华特·迪士尼制作的华丽的《金银岛》。这是以史蒂文森经典故事改编的众多电影中最好的一部。博比·德里斯科尔扮演了吉姆一角，而罗伯特·牛顿则以让人印象深刻

由约翰·哈萨尔设计的《彼得·潘》剧院海报，用于宣传该剧1904年在伦敦约克公爵剧院上演。

的表演饰演了约翰·西尔福。1951 年上映的《土海女霸王》（*Anne of the Indies*）以现实中安妮·邦尼的冒险故事为灵感，让简·皮特斯饰演了一个英勇的女海盗。而使人回想起三四十年代的冒险片风格的则是《红海盗》（*The Crimson Pirates*），剧中的伯特·兰卡斯特以杂技般的技巧表演了动作，伊娃·巴尔托克则扮演了勇敢的女主角。

　　20 世纪下半叶唯一令人难忘的海盗电影是史蒂文·斯皮尔伯格的《铁钩船长》，这是穿越版的彼得·潘的故事。剧组建造了一艘宏伟的海盗船，视觉效果令人叹为观止。演员阵容豪华，由罗宾·威廉姆斯饰演彼得·潘、朱莉娅·罗伯茨饰演小叮当，但达斯汀·霍夫曼以一种

慢吞吞的上流社会口音演出了令人恐惧的胡克船长，占尽了风头，成为这部电影的亮点。虽然评论褒贬不一，但该片在全球范围内的票房超过 3 亿美元，并被证明是票房仅次于《加勒比海盗》（*Pirates of the Caribbean*）系列的海盗主题电影。

一部于 1995 年上映的电影似乎预示着海盗电影的终结。《割喉岛》（*Cutthroat Islad*）由雷尼·哈林执导，由其当时的妻子吉娜·戴维斯主演，成为有史以来最赔钱的票房失败案例之一。尽管拥有华丽的布景和惊人的特技，但站不住脚的剧情和生硬的对白招致了严厉的

达斯汀·霍夫曼在 1991 年的电影《铁钩船长》中饰演铁钩船长。

约翰尼·德普在 2003 年电影《加勒比海盗：黑珍珠号的诅咒》中饰演杰克·斯派罗船长。杰克·斯派罗船长后来成为一个标志性的海盗角色。

批评。这部电影亏损了 1.47 亿美元，直接导致卡洛可电影公司破产。正如一位评论家所写的那样，"毫无疑问，这将使海盗史诗掉入'戴维·琼斯的橱柜①'（Davy Jones´s locker）"。

7 年后，华特·迪士尼影业发布了一部名为《加勒比海盗：黑珍珠号的诅咒》（*Pirates of the Caribbean: The Curse of the Black Pearl*）的奇幻冒险片，灵感来自迪士尼乐园中的海盗主题游乐设施。尽管故事情节异

① 是在海员间流传的俚语，用来委婉地指代海底或是那些在海上死去的水手们的灵魂归宿，掉入该地就意味着"一命呜呼"。

常混乱，但这部电影却取得了令人惊讶的成功。这在很大程度上归功于约翰尼·德普扮演的"杰克·斯派罗船长"这一非凡角色。他机智、古怪且言辞幽默的表演，加上他的搭档奥兰多·布鲁姆和凯拉·奈特莉的精彩表演，赢得了观众的喜爱，说服了迪士尼继续出资制作续集。2006 年，《加勒比海盗：聚魂棺》（*Pirates of the Caribbean*：*Dead Man's Chest*）在首映日打破了票房纪录，首日就在全球赚到了 110 万美元。该系列电影此后还有三部续集，约翰尼·德普的杰克·斯派罗已经成为和约翰·西尔福、胡克船长以及"黑胡子"一样著名的海盗角色。

第七章

现代海盗

在某些方面，今天的海盗活动与过去并无二致。尽管武器不同，但袭击的思路相似：全副武装的海盗船只去袭击船员较少、货物昂贵的商船。在以前的时代，受害者可能是一艘在地中海或加勒比海进行贸易的商船，而如今则可能是一艘集装箱船或油轮。与过去一样，今天的商船船员也很少会进行有效抵抗，因为海盗足够精明，会避免袭击任何有能力进行激烈抵抗的船只。在没有战斗的情况下，海盗会俘获目标船只，掠夺货物或扣留船员并索要赎金。

海盗活动的地理因素与过去大致相同。海盗倾向于在繁忙的航道中活动，特别是在船只会集于狭窄海峡或需要在众多岛屿之间航行的地方。通常这些地方几乎不存在或很少出现海军或海岸警卫队，也可能是因为当地的治安部队腐败并已与海盗勾结。虽然也有其他动机，但纯粹的贪婪和轻易获得财富的诱惑一直是海盗活动的主要驱动力。过去，因战争结束而失业的水手们会转而从事海盗活动，而今天，贫困的渔民有时也会被迫从事海盗活动以维持生计。

当然，今天的海盗与几个世纪前的海盗在运作方式上存在一些明显的差异。帆船被蒸汽机和柴油引擎取代，这意味着海盗和追捕海盗的人不再那么依赖风和洋流；无线电通信和全球定位系统（GPS）的引入使得政府更容易定位和追踪海盗；自动武器和火箭弹也取代了早期海盗袭击中使用的手枪、登船斧和弯刀。

发生了戏剧性变化的是，过去曾是海盗活动热点的地区现在几乎没有海盗存在。地中海在三个世纪的时间里一直受到巴巴里海盗的破坏，直到1830年法国征服阿尔及尔才最终结束了海盗活动；18世纪20年代，对海盗首领的追捕，以及大规模的示众审判和集体绞刑，结束了以加勒比海为中心的所谓"黄金时代"的海盗活动；到1850年，海盗在大西洋大部分海岸线和北欧水域已不再构成严重威胁。

保罗·格林格拉斯
执导的电影《菲利普
斯船长》（2013
年）的剧照。

21 世纪海盗袭击
和劫持的目标主要是集
装箱船或油轮，这是
因为船上货物的价值
较高。

　　而远东地区则是另一回事。正如之前的章节中所示，
南中国海在 19 世纪大部分时间内都是海盗船队的猎场，海
盗在该地区仍然构成威胁。20 世纪 80 年代，越南船民成
为海盗的目标。船民是越南战争结束后大量逃离越南的难
民。仅在 1981 年，就有 349 艘船遭到海盗袭击，导致 228
名妇女被绑架，881 人死亡或失踪。

　　20 世纪 90 年代，马六甲海峡的海盗活动出现了惊人
地增长。这片位于新加坡和苏门答腊之间的狭窄水域是
东亚港口与波斯湾石油出口国之间的主要航线，每年约
有 5 万艘船舶穿越该海峡。众多岛屿和河口为海盗提供了
理想的基地和藏身之所。此地的许多袭击规模较小，系
当地渔民所为，他们在船舶接近新加坡而降低速度时登
船，抢劫现金和贵重物品。但最令政府担忧的是犯罪团伙
对大型船只进行的组织有序的袭击。海盗登上船只后，会
将其带到另一个地点并卸载货物。有时会更改船只的名称
和外观，并重新装载另一批货物；有时，空船会被直接放

走，成为干扰航道上其他船只航行的障碍物。2004 年，马六甲海峡及其周边地区的海盗袭击占到了国际海事局（International Maritime Bureau）收到的海盗袭击案件的 40%。

接下来登上新闻头条的海盗袭击发生在索马里海域。索马里政府在 1991 年 1 月垮台，各部落民兵和激进组织青年党之间爆发内战。法律和秩序崩溃，该国变成了"失败国家"。数年来，索马里渔民一直遭受其他国家非法拖网捕鱼船的侵害，在鱼类资源急剧减少的困境下，当地渔民转而从事海盗活动，并对外国船只进行报复。他们很快就发现，绑架船员比捕鱼赚钱得多。渔民们还得到了当地民兵的支持，劫持行动非常成功。海盗们的攻击范围不再局限于沿海水域，而是扩展到了阿拉伯海，有时还利用近海的母船作为高速快艇的基地。

1975 至 1995 年间，大约有 80 万人逃离越南并安全抵达其他国家。而在途中，约有 20 万至 40 万人丧生在海上。

索马里海盗袭击的回报是惊人的。2010 年 2 月，希腊油轮"艾琳"号被劫持，几个月后，在支付了 1040 万英镑（约 1350 万美元）的赎金后被释放。2013 年，由汤姆·汉克斯主演的好莱坞电影《菲利普船长》（*Captain Phillips*）生动地展示了几名武装海盗是如何劫持一艘大船的。这部电影根据美国集装箱货轮"马士基·阿拉巴马"号被劫持的真实事件改编而成。经历了为期 4 天的人质危机后，菲利普船长和船员被美国"班布里奇"号巡洋舰上的海军海豹突击队营救出来。在此事件中，有 3 名索马里海盗被击毙，1 名海盗后来被判处 33 年监禁。

21 世纪初，几内亚湾的海盗活动急剧增加，该地区至今仍然是世界上的海盗活动热点地之一。海盗袭击的主要目标是前往尼日尔河三角洲及其周边石油和天然气产地的油轮。与索马里海盗的情况类似，尼日利亚海盗得到了"有利环境"的帮助，特别是当地安全部队的腐败以及尼日利亚政府和部落叛乱之间的冲突。与索马里海盗不同，尼日利亚海盗在袭击中经常采取极端的暴力行为。他们不是要求赎金，而是简单地洗劫船只上的钱财和贵重物品，或者将大型油轮上的精炼石油转移到小船上，再以高价出售。海盗与海军舰艇之间的交火并不罕见。2013 年，汽油油轮"诺特"号被海盗登船劫持。当 8 艘尼日利亚海军舰艇抵达现场时，尽管双方都清楚油轮实际上是一颗漂浮的炸弹，他们还是遭到了海盗的攻击。经过 30 分钟的战斗，有 16 名海盗被击毙，海盗船也被击沉。

马六甲海峡是一条长达 500 英里的航道，过去和现在都被印度和中国之间的商业贸易广泛利用。

20 世纪 90 年代，航运公司对于海盗活动激增的反应显得有些迟钝。部分原因是担心保险费用增加，部分原因是不愿意去办理旷日持久且昂贵的官僚手续。此外，人们缺乏统一的方式或途径来报告、汇总海盗袭击的信息，这意味着没有可靠的统计数据显示袭击的数量和地点，导致难以对海盗问题进行提前规避或及时处理。1981 年，国际海事局（IMB）成立，问题得到了解决，这是打击海盗行动中迈出的重要一步。国际海事局监测全球范围内的所有海盗袭击报告，通过不断更新的网站信息，向人们提供海盗事件的地点和详细信息，以及新闻和资讯，并向船长们提供如何防止和击退海盗登船企图的实用信息。针对远东地区海盗活动的显著增加，国际海事局于 1992 年在马来西亚吉隆坡设立了一个海盗报告中心，该中心负责全天候监控世界航运航道。

国际海事局和类似的反海盗组织提出了相似的建议：船舶控制者们必须保持昼夜不停地持续监视；必须保护所有

马士基·阿拉巴马号的船员在美国海军海豹突击队解救了理查德·菲利普船长后，在肯尼亚蒙巴萨面对媒体发言。

进出口和舱门，并安装刀片网和电网等物理屏障；必须随时准备好使用消防水炮击退登船者；必须建立一个安全的聚集点或"堡垒"，供船员避难。虽然雇用武装安全人员一直存在争议，但许多航运公司已经采取了这一方式。

自从 16—17 世纪西班牙珍宝船时代以来，商船结队航行，并由一艘或多艘战舰护航一直是有效防御海盗袭击的方法。这对震慑索马里海盗尤其有效，特别是在建立了一支欧洲海军部队（NAVFOR）来巡逻阿拉伯海的航道时。到了 2012 年，索马里海盗已不再对航运构成威胁。2019 年，索马里沿海附近一起袭击事件都没有出现。

2004 年，国际海事局报告了 329 起袭击和劫持事件。尽管自那时以来，全球的海盗活动有所下降，但几内亚湾和马六甲海峡仍然是许多袭击事件发生的主要地区。其他经常发生袭击的地区包括印度尼西亚和菲律宾的岛屿，加勒比海的私人游艇和油轮也偶尔会遭受袭击。在历史上，海盗活动往往会根据当地情况从一个地区转移到另一个地区，但只要存在足够有利可图的目标，能引诱犯罪的团伙和绝望的贫困人口，海盗活动就不可避免。

第八章

海盗名人录

本章总结了活跃于 16—19 世纪间的一些最著名的海盗，包括私掠海盗、殖民者海盗、巴巴里海盗等的事迹。读者在本书的主要部分中可能已经遇到过其中一些人物。如果需要更详尽的传记指南，可以参考菲利普·戈斯出版于 1924 年的《海盗名人录》（ *The Pirates' Who's Who* ）。

坎霍吉·安格雷
（ Kanhoji Angria ）

马拉塔海军上将，活跃于 17 世纪 90 年代至 18 世纪初。

印度的海盗统治者，以孟买南部沿海为基地，在 18 世纪对东印度公司的商船发起战争。顽强的战士"安格里亚人"就是以他们的领袖命名的。在 1707 年，他们与两艘英国护卫舰、一艘东印度公司船和两艘大炮船进行了整整一天的战斗，最终俘获了两艘大炮船。

托马斯·安斯蒂斯
（ Thomas Anstis ）

海盗，活跃于 1718—1723 年间。

原先是巴沙洛缪·罗伯茨领导的强大海盗团队中的一员，后来在加勒比地区成为自己团队的领导者。1722 年，安斯蒂斯和他的船员向英国递交请愿书，试图获得国王的赦免。后在古巴海岸附近的一个无人居住的岛上，他们度过了

9 个月的等待时间，以跳舞和愉快的模拟法庭审判等方式进行娱乐——在模拟法庭中互相审判对方是否犯有海盗罪。他后来又做回了海盗，但最终被叛乱的船员杀害。

亨利·埃弗里
（ Henry Avery ）

又名约翰·埃孚里（ John Every ）、长本（ Long Ben ）、布里奇曼船长（ Captain Bridgman ），英国海盗，活跃于 17 世纪 90 年代。

1696 年，亨利·埃弗里于红海袭击了莫卧儿帝国的"刚之威"号，因此声名大噪，被称为"海盗王"。在这次激烈的袭击中，他掠夺了价值连城的战利品。乘客们受到折磨，一些妇女宁愿跳海也不愿面对他那残暴的船员。此后，他的事迹就成为诗歌、传记和戏剧的题材，他的传说也流传开来。埃弗里从未被捕，他的结局没有定论。据传，他被商人骗

走了所有财富，在德文郡的比德福德穷困潦倒地死去。

萨姆·贝拉米
（Sam Bellamy）

英国海盗，活跃于1710—1717年间。

贝拉米从搜寻、掠夺沉船转向海盗，他在巴哈马掠夺了船只之后，在向风海峡上俘虏了"维达"号奴隶船。1717年4月，他向北航行时在科德角附近遭遇了暴风雨。"维达"号在浅滩上搁浅，包括贝拉米在内的144名船员溺亡。后来，海难中的6名幸存者被处以绞刑。1984年，"维达"号的残骸被发现，人们在随后的发掘工作中找到了大量的西班牙金银币、金条和非洲珠宝，现在这些藏品被保存在科德角的"维达"号海盗博物馆中。

巴巴罗萨兄弟
（Barbarossa Brothers）

阿鲁杰、海雷丁，巴巴里海盗，活跃于1500—1546年间。

16世纪初，阿鲁杰和海雷丁兄弟来到北非。巴巴罗萨兄弟（绰号"红胡子海盗"）是巴巴里诸邦政权建立的开创者，并因其对基督教沿海定居点及其航线的凶猛袭击，在整个地中海地区引起了恐慌。

安妮·邦尼

安妮·邦尼
（Anne Bonny）

生于爱尔兰的海盗，活跃于1720年。

邦尼原本嫁给了一个贫穷的男人，然后她遇到了威风凛凛的"棉布杰克"船长，并以女扮男装的方式加入了他的海盗队伍。1720年，当海盗船在牙买加海岸遭到一艘英国商船的袭击时，邦尼和

同伴——女海盗玛丽·瑞德拔出手枪和刀剑勇猛作战，其余的海盗们则喝着朗姆酒龟缩在船舱里。和玛丽·瑞德一样，她因怀孕在审判中免于死刑，随后去向不明。

罗切·巴西利亚诺

（Roche Brasiliano）

荷兰殖民者海盗，活跃于 17 世纪 70 年代。

在巴西居住了很长一段时间后，巴西利亚诺来到牙买加，并加入了一艘海盗船，后来被选为船长。他特别憎恨西班牙人。他以残忍和享受施暴而闻名，"他常常喝醉后在街上乱跑，殴打或砍伤遇到的人，根本没有人敢阻拦或反抗"。

郑一

（Ching Yih）

中国海盗，活跃于 19 世纪初。

在 19 世纪初，指挥着一支庞大的海盗舰队，拥有超过 500 艘中式帆船，分为 5 个分舰队。

郑一嫂

（Ching Yih Saou）

中国女海盗，活跃于 1807—1810 年。

19 世纪初中国最著名的海盗之一。

她是海盗郑一的遗孀，指挥着一支超过 800 艘中式帆船的舰队。然而，她强大的舰队在内部分裂中瓦解，最终在 1810 年向清政府投降。

徐亚保

（Chui Apoo）

中国海盗，活跃于 19 世纪 40 年代。

他是海盗十五仔的副手和亲戚。1849 年，在香港谋杀了两名欧洲人后逃离。他的舰队于 1849 年 9 月在大亚湾被摧毁，他被捕后于 1851 年受审，但在监狱里自杀身亡。

威廉·丹皮尔

（William Dampier）

英国殖民者海盗、航海家和水道学家，活跃于 1679—1711 年间。

丹皮尔或许是所有殖民者海盗的冒险家中最引人好奇的人物。他是一位对知识抱有无尽好奇心的科学家和观察家，一个被指控酗酒、懦弱和不诚实的人，一个海盗，以及一支官方海军远征队的指挥官——所有这些元素构成了他的特质。丹皮尔年轻时在船上当学徒，并在到达牙买加之前做过各种各样的杂活。到达牙买加后，他很快就与殖民者海盗们混在一起。他在海盗生涯中一共完成了三次环球航行。

西蒙·丹齐格

（Simon Danziger or Danser）

又被称为"魔鬼船长"，巴巴里海盗，活跃于17世纪初。

丹齐格是一位著名的荷兰叛徒，并且取得了极大的成功，在地中海俘虏、焚烧和击沉了许多船只，在仅仅两年内夺取了40艘船。据说他是将北欧的"龙船"引入海盗行列的第一人，从而使海盗们能够突破地中海的限制。最终，他被他的前主人在突尼斯处以绞刑。

豪威尔·戴维斯

（Howell Davis）

威尔士海盗，活跃于1719年。

戴维斯是几内亚海岸最有企业家精神和最狡猾的海盗之一。他最聪明的一次壮举是在1719年俘虏了两艘法国船只。戴维斯迫使第一艘船上的俘虏伪装成海盗，并升起了一块由肮脏的防水布制成的黑色海盗旗帜。第二艘船上的人认为他们的同伴已经投降，随即被吓得跟着投降。

弗朗西斯·德雷克爵士

（Sir Francis Drake）

英国海军上将，私掠船长，活跃于1567—1596年间。

传奇的私掠船长德雷克爵士于1540年在普利茅斯附近出生。德雷克在14岁时开始航海，到20岁时已经在约翰·霍金斯第三次去西印度群岛的航行中担任一艘船的指挥。1572年，他带领一支远征队前往加勒比海，袭击了诺布雷迪奥斯，在卡塔赫纳附近俘虏了一艘西班牙商船，并抢劫了一队运输财宝的骡车。1577年，德雷克带领5艘船，以"鹈鹕"号（后来改名为"金鹿"号）为首，驶向南美洲。他绕过麦哲伦海峡，沿着太平洋海岸航行，一路抢掠。他最惊人的战利品是巨大的西班牙珍宝船"卡卡福戈"号，从中夺得13箱银币、26吨银锭、80磅黄金和大量珠宝、珍珠。他于1580年9月26日回到普利茅斯，成为完成环球航行的第二人，也是英国第一位完成环球航海的探险家。他在1588年击败西班牙无敌舰队的海战中发挥了重要作用。他于1596年1月28日在波多贝罗附近死于痢疾，后被海葬。

爱德华·英格兰

（Edward England）

英国海盗，活跃于1718—1720年间。

英格兰的真实姓名可能是贾斯珀·西格（Jasper Seager）。他曾一度与巴沙洛缪·罗伯茨在几内亚海岸合作。在大西洋和印度洋取得一系列胜利后，由于对囚犯的人道主义态度，英格兰被他的船员放逐到毛里求斯。他乘坐自己建造的小船前往马达加斯加。据称，在那里他于贫困中死去。

亚历山大·埃斯奎梅林
（Alexandre Olivier Exquemelin）

法国殖民者海盗，活跃于 17 世纪 60—90 年代。

埃斯奎梅林很可能是诺曼底哈弗鲁尔本地人。受雇于法国西印度公司，并于 1666 年前往托图加，在那里服役了 3 年。然后，他可能作为一名理发师兼外科医生加入了海盗团队。他似乎在 1674 年返回了欧洲，但在 1697 年再次回到加勒比地区，在当年攻击卡塔赫纳期间担任军医。然而，他最著名的事迹是撰写《美洲海盗》，该书于 1678 年在阿姆斯特丹出版，首次英文版于 1684 年出版。

让·弗洛林
（Jean Florin）

法国人的巴巴里海盗，活跃于 16 世纪 20 年代。

1523 年，弗洛林在亚速尔群岛附近扣押了 3 艘船，船上满载着墨西哥阿兹特克王国为西班牙国王运送的珍宝。这庞大的财宝中包括"一颗手掌般大小的祖母绿宝石"。

爱德华·英格兰

安东尼奥·富特
（Antonio Fuet）

又称"莫伊朵儿船长"，法国海盗，活跃于 18 世纪 90 年代。

"维克多·胡葛斯"号的船长之一。性格张扬的富特在用尽了霰弹和炮弹后，以金币填充炮管去轰击一艘葡萄牙船。传说中，富特的外科医生们在手术时忙于用手术刀从死伤者的身体中取出金币。

约翰·高
（John Gow）

苏格兰海盗，活跃于 1724—1725 年间。

高是一位前商船水手，在 1724 年

11 月领导了一次发生在"乔治"号上的暴力叛乱。他将船更名为"复仇"号后，在西班牙海岸附近劫掠了几艘船，然后航行回他在奥克尼群岛的家乡。他和他的船员在家乡被逮捕并被送往伦敦，在那里接受了审判，并于 1725 年 6 月被绞死。一篇关于高的生平的记述被认为是由丹尼尔·笛福所写，并于 1725 年出版，成为沃尔特·斯各特爵士的小说《海盗》的灵感来源。

约翰·霍金斯爵士

（Sir John Hawkins）

英国海军上将，私掠船长，活跃于 1562—1569 年间。

霍金斯是德雷克的表哥，也是英国第一位奴隶贸易商，伊丽莎白时代三角贸易的开创者。他进行了三次西印度群岛的航行，试图挑战西班牙对美洲大陆的垄断地位。他的前两次冒险取得了惊人的回报，他用西非的奴隶换来了金子、糖和兽皮。在最后一次航行中，霍金斯和他的船队在韦拉克鲁斯的圣胡安港被西班牙人突袭，差点儿遭受灭顶之灾，最后幸运地在 6 个小时的战斗后成功逃脱。霍金斯也是杰出的海军将领，他对英国海军进行的改革是日后英国海军战胜西班牙无敌舰队的重要因素之一。

扬·詹斯

（Jan Janz or Jansz）

又称"穆拉德·雷伊斯"，巴巴里海盗，活跃于 17 世纪 20 年代。

这名叛教的荷兰私掠船长在地中海恐吓基督教船只。1627 年，詹斯率领一支最大胆的巴巴里海盗团队，航行到冰岛并掠夺了雷克雅未克市，带走了腌制鱼、兽皮以及 400 多名男女和儿童。

威廉·基德

（William Kidd）

英国海军上将，私掠船长，活跃于 1697—1699 年间。

臭名昭著的基德船长既不无情也不成功。他是一位纽约商人，之前曾在西印度群岛担任私掠船长对抗法国。1696 年，他获委任追捕海盗，但在一系列不

威廉·基德

幸事件后开始袭击印度洋上的船只。他于1699年返回美国时被捕，并被送往英国接受海盗罪审判。基德搞砸了自我辩护，而他从前的支持者们隐藏了重要文件，导致辩护失败。最后，他被绞死在行刑码头，尸体被悬挂在铁笼中，在蒂尔伯里角附近放置多年，以警告水手们不要做海盗。

郑芝龙

（Nicholas Gaspard）

中国军阀，海盗，活跃于17世纪中期。

原为中国东南沿海海盗，后前往日本经商，1627年已经拥有700多艘船。因明政府实行海禁政策，郑芝龙及其船队被视为海盗。清统治者到来后，郑芝龙向清统治者投降，并因此与儿子郑成功关系破裂。清政府多次利用郑芝龙招降郑成功，但均被拒绝。最终，郑芝龙于1661年被杀。

让·拉菲特

（Jean Lafitte）

美国私掠船长。

拉菲特是一支走私和私掠船队的领导者，19世纪初他们在新奥尔良以南的巴拉塔里亚湾的岛屿上活动。在1812年英美战争期间，拉菲特及其手下对杰克逊将军的部队提供了很多帮助，也因此

虽有多年的走私和海盗行为，却得到了总统特赦。之后，拉菲特将他的海盗活动转移到了得克萨斯州的加尔维斯顿岛，然后退休，过上了平民生活。

弗朗索瓦·罗罗洛亚

（Francis L′Ollonais）

又称"让·大卫·诺"，法国殖民者海盗，活跃于约17世纪60年代。

罗罗洛亚以残忍而臭名昭著。他在1666年劫掠了马拉开波。关于他在新格拉纳达和尼加拉瓜远征中的凶残行径的描述中，有这样一个疯狂的片段："他拔出利刃，割开一个可怜的西班牙人的心脏，然后开始啃食，并对其他人说：'如果你们不说话，我会给你们上同样的菜。'"

爱德华·洛

（Edward Low）

英国海盗，活跃于18世纪20年代。

洛是一位残忍的海盗，以对囚犯的残酷而闻名。有一次，他劫持了一艘法国船，释放了所有的囚犯，唯独扣下厨师。他说："肥胖的家伙正好适合油炸。"最终这名厨师被绑在桅杆上，和船一起被烧掉了。

爱德华·洛

亨利·梅因沃林爵士

（Sir Henry Mainwaring）

英国副海军上将和海盗，活跃于 1612—1617 年间。

梅因沃林是一名海盗猎人，后来被丰富多彩、新奇刺激的海盗生活所吸引而变成一名海盗。他于 1612 年航行至地中海，之后迅速成为一名技艺高超的成功海盗，以大西洋海岸的摩洛哥作为自己的基地。1616 年，他返回英国，获得了皇家特赦，并撰写了一篇关于打击和镇压海盗的论文。

米森船长

（Captain Misson）

法国海盗，活跃于约 17 世纪 90 年代。

据传，米森与一位叛教的神父卡拉乔利在马达加斯加的迪耶果-苏瓦雷斯创立了一个名为"利贝塔蒂亚"的海盗国家。然而，这个充满吸引力且流传已久的传说似乎在事实上没有多少依据。

亨利·摩根爵士

（Sir Henry Morgan）

威尔士殖民者海盗，活跃于约 17 世纪 60—70 年代。

根据民谣的赞颂，摩根被誉为最伟大的海盗之一，他在 17 世纪 60 年代末是罗亚尔港的海盗首领。他最大胆的壮举是在 1671 年攻占了巴拿马，当时巴拿马被认为是新大陆上最富有的定居点。随后，他成为牙买加的副总督。

格雷丝·奥玛利

（Grace O'Malley or Grania Ni Mhaille）

爱尔兰海盗，活跃于约 16 世纪 60—80 年代。

格雷丝·奥玛利曾相继嫁给爱尔兰西部两位最伟大的酋长。她因对大海的热爱而闻名。后来，她建立了一支舰队，

亨利·摩根爵士

并将她的活动基地设在克卢湾的克莱尔岛。她在大约 1586 年宣布放弃海盗行为，此后获得了伊丽莎白一世的特赦。

詹姆斯·普兰坦

（James or John Plantain）

生于牙买加的海盗，活跃于 18 世纪 20 年代。

自封为马达加斯加"兰特湾国王"的普兰坦居住在一个有栅栏的堡垒中，他拥有许多妻子，给她们穿丝绸衣服、戴珠宝，并给她们起了英国名字，如莫尔、凯特、苏和佩格等。

葡萄牙的巴沙洛缪

（Bartholomew Portugues）

出生于葡萄牙的殖民者海盗，活跃于 17 世纪 60—70 年代。

葡萄牙的巴沙洛缪因其在加勒比海沿岸犯下的"无数的暴行……无尽的谋杀和抢劫"而闻名。他多次成功逃脱抓捕，但当他的船在牙买加附近遭遇一场风暴时，以前的好运气没有再次眷顾他。随着船只的沉没，葡萄牙的巴沙洛缪退出了历史舞台。

约翰·拉克姆

（John Rackham or Rackam）

又称"棉布杰克"，英国海盗，活跃于 1718—1720 年间。

他因身穿色彩斑斓的棉质服装而得名"棉布杰克"。他在加勒比海地区劫掠船只，直到被指控为海盗并在罗亚尔港被绞死。他的海盗妻子安妮·邦尼因怀孕而获得缓刑，她告诉拉克姆："很遗憾看到你要被吊死，但如果当初你像个男人一样战斗，现在就不会像条狗一样被吊死。"

玛丽·瑞德

（Mary Read）

英国海盗，活跃于 18 世纪初。

她穿着男装，在佛兰德斯作为士兵参战。此后，她穿着男装，与安妮·邦尼一同乘坐约翰·拉克姆的船只从事海盗活动。在 1720 年的审判中，她因怀孕而逃脱了死刑，但不久之后因疾病去世。

巴西尔·林格罗斯

（Basil Ringrose）

英国殖民者海盗，海军军医，活跃于 1679—1686 年间。

林格罗斯记录了他与巴沙洛缪·夏普在 1680—1682 年间横穿巴拿马地峡的远征经历，其记述是有关海盗日常活动的宝贵资料，并被完整地收录在埃斯奎梅林的《美洲海盗》一书中。在后来的

玛丽·瑞德

一次海盗冒险中，他在墨西哥圣地亚哥遇袭身亡。

巴沙洛缪·罗伯茨
（Bartholomew Roberts）

英国海盗，活跃于1720—1722年间。

原名约翰·罗伯茨，被人称为"黑巴特"，出生于威尔士。他原本在贩卖黑奴的商船上工作，1719年，他所在的商船被豪威尔·戴维斯俘虏，因此加入海盗团伙。罗伯茨和戴维斯都是威尔士人，因此罗伯茨深受戴维斯器重，很快就成为戴维斯的左膀右臂。戴维斯战死后，罗伯茨被推举为船长，为戴维斯复仇，并沿非洲海岸一路南下，最后进入加勒比海。

罗伯茨面容黝黑，英俊潇洒，待人温厚，只喝茶。他经常身穿华贵的衣物，帽子上插着红色羽毛。他短暂的4年海盗生涯非常辉煌，据说他在几内亚海岸和加勒比海俘虏了多达400艘船，可能是有史以来最成功的海盗。直到1722年，他在与英国皇家海军"燕子"号的战斗中被击中喉咙而身亡。

巴沙洛缪·罗伯茨

伍兹·罗杰斯
（Woodes Rogers）

英国私掠船长，活跃于18世纪初。

罗杰斯领导了一次著名的私掠远征，于1708—1711年进行环球航行，威廉·丹皮尔在这次利润丰厚的远航中担任领航员。此次航行带回了从西班牙船只上抢劫来的丝绸、金银和珍贵宝石。关于这次航行的描述，包括亚历山大·塞尔柯克从胡安·费尔南德斯岛被救出的经历，可以在罗杰斯于1712年出版的《环球巡航》（A Cruising Voyage Round the World）中找到。罗杰斯后来成为巴哈马群岛的总督，并于1718年抵达新普罗维登斯岛，负责铲除海盗。

十五仔
（Shap-'ng-tsai）

中国海盗，活跃于 19 世纪 40 年代。

在 19 世纪 40 年代，十五仔掌握着一支庞大的海盗舰队，但最终在 1849 年 10 月被英国舰队逼至红河三角洲并摧毁。十五仔本人逃脱，并与清政府达成协议，得到赦免，最终活到了很大年纪。

巴沙洛缪·夏普
（Bartholomew Sharp）

英国殖民者海盗，活跃于 17 世纪 60—90 年代。

夏普可能是那些在 1675 年劫掠塞戈维亚的人之一，并在 1679 年攻击巴拿马的波托韦洛港时担任一艘大帆船的指挥官。在 1680—1682 年间，他领导了一次令人瞩目的海盗远征，劫掠了南美洲西海岸的西班牙定居点，并通过合恩角返回西印度群岛。他从西班牙人那里抢夺的宝贵航海图，在 1682 年返回英国时帮他摆脱了海盗指控。他后来在加勒比海地区再次活跃，既是海盗又是追捕海盗的人，并于 1699 年在维尔京群岛最后一次被世人所知。他在 1680—1682 年的远征被囊括在埃斯奎梅林的《美洲海盗》一书中。

爱德华·蒂奇

爱德华·蒂奇
（Edward Teach）

即"黑胡子"，英国海盗，活跃于 1716—1718 年间。

蒂奇出生于英国布里斯托尔，早年生活已不可考。1716 年，他加入了海盗本杰明·霍尼戈尔德的队伍，并被任命为一艘单桅纵帆船的船长。次年，霍尼戈尔德金盆洗手，蒂奇便开始自由行动。

蒂奇将俘虏的一艘法国商船命名为"安妮女王的复仇"号，从此开始了他的传奇海盗生涯。

蒂奇以他令人震惊的凶恶外貌和长长的黑胡子而闻名。他将胡子编成辫子，并用丝带系着，向后卷到耳朵后面。为了让敌人感到恐惧，他在战斗中会将冒烟的引信插到帽子里。此外，他还会通过一系列恶行不断加强自己邪恶的名头，比如在自己的船舱里无缘无故地开枪射杀一个正在喝酒的船员。当有人问他为什么这样做时，他回答说："如果我不偶尔杀一两个人，他们就会忘记我是谁。"

蒂奇曾接受了英国王室的赦免，但很快就重操旧业。他的船队几乎战无不胜，甚至连宾夕法尼亚总督派出的军舰都铩羽而归。随后，弗吉尼亚总督亚历山大·斯波特伍德召集队伍围剿蒂奇。1718年11月，蒂奇在奥克拉科克岛的海湾中与英国皇家海军相遇，在激战中被击毙。

蒂奇生前掠获了大量财宝，死后却没有留下任何财富，因此其遗产成为许多人的寻宝对象。

托马斯·图
（Thomas Tew）

生于北美殖民地罗德岛的海盗，活跃于17世纪90年代。

托马斯·图被威廉·基德在威廉三世的委托书中描述为"邪恶且坏心眼"。他在与"和睦"号进行海盗巡航后，带着10万英镑的财富于1694年返回罗德岛。在印度洋的第二次巡航中，他与约翰·埃弗里会合，并可能在1695年9月对"法赫·穆罕默德"号的袭击中丧生。

托马斯·弗尼爵士
（Sir Thomas Verney）

巴巴里海盗，活跃于1608—1609年间。

弗尼出身于一个高贵的白金汉郡家族，因争夺继承权失败而离开英国后成为海盗。然而，他并未获得成功。在地中海劫掠了一些英国船只后，他被囚禁在西西里的一艘船上做奴隶，后来加入了西西里军队，后在西西里岛上的墨西拿市一家医院中"在极度的悲惨与痛苦中"去世。

莱昂内尔·韦弗
（Lionel Wafer）

英国殖民者海盗，海军军医，活跃于17世纪80年代。

1679年，韦弗加入了由巴沙洛缪·夏普领导的殖民者海盗队伍，之后他们穿过了巴拿马地峡。在与威廉·丹皮尔一起返程穿越地峡时，韦弗不慎受伤，并由库纳印第安人照料。他在1699年出版的著作《巴拿马地峡的新航行及其记录》（*New voyage and description of the Isthmus of Panama*）是对中美洲自然历史和定居者的重要早期记录。

约翰·沃德

（John Ward）

巴巴里海盗，活跃于 17 世纪初。

沃德是 17 世纪初英国海军的指挥官，他煽动手下士兵发动叛乱，并夺走一艘船前往地中海，在那里与突尼斯的贝伊结盟，成为一位成功而富有的海盗。他还取了穆斯林名字尤素福·雷伊斯，最后在突尼斯死于瘟疫。

约翰·沃特林

（John Watling）

英国殖民者海盗，活跃于 17 世纪 70 年代至 1681 年间。

沃特林是一位"经验丰富的私掠船长和顽强的水手"，他在 1680 年参加了对巴拿马的海盗掠夺行动，并于 1681 年 1 月当选为巴沙洛缪·夏普的继任者。然而，他在这个位子上只坐了几个星期——1 月 30 日，他在对阿里卡镇的一次计划不周的袭击中被杀。

bélle del.   Huart

捧读文化
触及身心的阅读

出 版 人　朱文迅
出 品 人　张进步　程　碧

责任编辑　潘　媛
特约编辑　陆半塘　吕思航
装帧设计　WONDERLAND Book design
　　　　　仙境 QQ:344581934
排版设计　思　颖
内文插图　英国国家海事博物馆
封面插图　张晓冉